평양대부흥

평양
대부흥

Pyongyang Revival

이호 지음

자유인의 숲

차례

차례

부흥이란 무엇인가?

▲ 웨일스 부흥의 주역, 이반 로버츠

▲ 프린세스 로얄 호 – 제너럴 셔먼 호

본래 프린세스 로얄 호로 불리던 영국배가 1865년
미국에 팔려서 제너럴 셔먼 호로 이름이 바뀌었다.
이 배를 타고 최초의 순교자 토마스가 한국에 왔다.

부흥이란 무엇인가?

위대한 설교자 마틴 로이드 존스(Martyn Lloyd Jones)는 그의 기념비적인 저서 『부흥』에서 말했다.

"부흥은 기독교회의 삶이 비상한 축복과 생동감에 넘치던 시기이다... 이것은 하나님께서 자기 백성을 찾아오심이다. 땅 위에 임한 하늘의 때요, 교회 안에 역사하시는 성령의 주도적 사역이요, 하나님의 백성들에게 주어진 이른바 한량없이 풍성한 생명이다."[1]

교회에는 생명력이 있다. 때로 그것은 한없이 고양되기도 하고, 때로 바닥없이 추락하기도 한다. 풍성한 빛깔을 뿜어내기도 하며, 빛바랜 채 시들기도 한다. 교회가 표시하는 생명의 주기에서 가장 높이 솟구친 지점이 부흥이다. 성령이 폭포수처럼 쏟아지는 시기요, 교리가 지식의 차원을 넘어 실체로 드러나는 지점이다.

존 스토트((John Stott)의 표현처럼, 부흥은 전적으로 색다른 하나님의 방문이다. 이 방문에서 전체 공동체는 그분의 압도적인 임재를 바로 가까이에서 생생하게 인식한다.[2)]

옥성득은 부흥을 해설한다. "부흥은 하나님의 영(성령)이 하나님의 말씀(성경)을 통해 하나님의 사람들(교회)의 삶 속에서 일하시는 것이다. 따라서 부흥은 '다시 삶(re-vival)'이다. 개인과 교회가 거듭나는 '다시 태어남(born-again)'이다. '다시'에는 세 가지 의미가 있다.

첫째, 다시는 돌아감(back)이다. '다시!'라는 구호가 떨어지면 지금까지 했던 모든 일을 청산하고 원점으로 돌아가 새로 시작하듯이, 부흥은 교회가 태어났던 사도행전에 그려진 초대교회의 그리스도에 대한 순수한 첫사랑, 그 초심으로 돌아가는 철저한 회개와 회복 운동이다.

둘째, '다시'는 한 번 더(again), 두 번째, 거듭 등의 뜻으로, 부흥은 오순절과 1903-1907년에 있었던 대부흥의 재현 운동이다.

셋째, '다시'에는 '하늘로부터(beyond)'의 뜻이 있다.

부흥은 하늘에서 내려오는 성령으로 거듭 태어나 이 땅에서 하늘의 능력으로 살면서 현실의 불의와 부조리와 부패를 극복하고 하나님 나라를 이루기 위해 희생의 삶을 사는 거룩한 초월운동이다."3)

부흥의 원형은 사도행전에 기록된 초대교회의 오순절 사건이다. 모든 부흥은 오순절의 재현이라고 할 수 있다. 마가의 다락방에서 기도하던 120문도가 체험했듯이, 부흥이 일어나면 사람들은 하나님의 주권, 성령의 역사, 자신의 죄성, 예수 그리스도를 통한 구원을 강렬하게 경험한다.

부흥에는 구심력이 작용한다. 부흥의 신비에 매혹된 이들은 타인들을 매혹시킨다. 그네들에게 무언가 특별한 일이 일어났음을 깨달은 사람들은 부흥이 일어난 중심으로 끌려들어간다. 동시에 부흥에는 원심력도 작용한다. 하늘의 영광을 맛 본 이들이 땅에 속한 인생들을 안타까워하며 복음을 전파한다. 부흥의 불꽃은 구령의 횃불로 타오른다. 구심력과 원심력이 함께 작용하여 하나님의 교회는 폭발적으로 성장한다.

부흥이 "다시 살아남"이기에, 메마르고 생명력을 잃

어가는 오늘날 부흥은 절실하다. 우리 시대에 부흥이 일어나야 한다는 주제는 마틴 로이드 존스의 진단처럼, 사활(死活)적인 중요성이 걸린 문제이다. 19세기의 뛰어난 강해설교자 알버트 반즈(Albert Barnes)는 말했다.

"신앙을 고백하는 그리스도인들 전체가 한 덩어리가 되어서 부흥이 존재한다는 사실을 인식하고 그것을 간절히 바라게 되는 그 날은 교회사에 있어서 새로운 세대를 열 것이며, 오순절 날에 나타난 것과 같은 능력의 나타남을 예고하는 날이 될 것이다."4)

그렇다면 부흥은 어떻게 재현될 수 있을까? 마틴 로이드 존스는 이삭의 이야기를 들려준다. "이삭이 그곳을 떠나 그랄 골짜기에 장막을 치고 거기 우거하며 그 아비 아브라함 때에 팠던 우물들을 다시 팠으니 이는 아브라함 죽은 후에 블레셋 사람이 그 우물들을 메웠음이라 이삭이 그 우물들의 이름을 그 아비의 부르던 이름으로 불렀더라"(창세기 26.17-18).

광야에서 물이 없었다. 당장 죽을 수도 있는 긴급한 상황이었다. 오늘날의 목마른 시대, 메마른 교회의 풍경과 유사하다. 이삭은 이렇게 생각을 정리했다. "우리가 시굴을 해보거나 물이 어디서 나오는지 알아맞히는 점쟁이를 찾을 필요가 조금도 없다. 내 아버지 아브라함에게 있어서 가장 특징적인 일이 한 가지 있다면, 그것은 물을 찾고 우물을 파는 전문가였다는 사실이다."

이삭은 아버지의 우물을 다시 팠다. 아버지가 부르던 이름을 다시 사용해서 우물에 이름을 붙였다. 목마름은 해결되었고 생수가 넘쳐났다.

우리는 이삭의 길을 따라가야 한다. 아버지들이 팠던 생수의 근원을 다시 찾고, 성령의 우물을 다시 파서, 부흥의 생수를 길어 올려야 한다. 초대교회의 선조들이 남긴 우물인 오순절을 기억해야 하고 한국교회에 생수가 터졌던 대부흥을 복원해야 한다.

원산에서 발흥하여 평양에서 타오르고 마침내 조선 팔도로 번져간 대부흥은 요한복음에 등장하는 사마리아 여인이 드디어 남편을 만난 사건이었다. 남편 다섯을 둔 파란만장한 여인에게 진정한 남편이 없었듯이, 무교, 불교, 선교, 유교, 동학을 거쳤지만 주리고 목말랐던 한국인의 영혼에 하나님의 영이 부어진 사건이었다.5)

그리스도의 신부가 된 한국인들은 마침내 나라를 살

리고 민족을 살렸다. 다가올 부흥의 여정에 오르기 위
하여, 지나간 부흥의 궤적을 탐구해야 한다. 타는 목마
름으로 부흥을 갈망해야 한다.

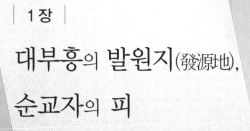

| 1장 |

대부흥의 발원지(發源地),
순교자의 피

◀ 최초의 순교자 로버트 저메인 토마스

10개국의 언어를 구사할 만큼 뛰어났다. 중국 선교사로 파송되어서 아내를 잃었고 자신은 조선에서 순교했다. 그의 피가 대부흥의 발원지가 되었다.

▲ 존 로스 선교사와 최초의 한글 성경

로스는 토마스의 친구로부터 순교의 소식을 듣고 감동을 받았다. 중국 선교사가 한국인 사역에 몰두한다는 비판을 받아가며 성경을 한국어로 번역했다.

검룡소에서 한강까지, 토마스에서 대부흥까지

땅바닥이 우묵하게 패여 물이 고인 곳을 "소(沼)"라고 부른다. 강원도 태백의 대덕산에 검룡소(儉龍沼)가 있다. 둘레가 20미터에 불과하니, 조금 큰 규모의 샘이라고 불러도 무방하다. 그런데 검룡소에는 생명력이 있다. 아무리 가물어도 마르지 않고 끊임없이 물이 솟아난다. 검룡소에서 시작된 물은 흘러서 산을 내려간다. 작은 물줄기들과 섞여 시내가 된다. 정선쯤에 이르면 어엿한 강이 되니, 그곳이 아우라지다.

아우라지를 사이에 두고 처녀와 총각이 사랑했다. 싸리골로 동백을 따러 가기로 했는데, 밤새 비가 내려 강물이 불었다. 나룻배가 뜰 수 없어 안타까운 남녀는 아우라지를 바라보며 노래를 불렀다.

아우라지 뱃사공아 배 좀 건네주게
싸리골 올동백이 다 떨어진다
떨어진 동백은 낙엽에나 쌓이지
사시상철 임 그리워 나는 못 살겠네

이 노래가 "정선아리랑, 애정편"이다. 아리랑 가락에 취해서 흐르는 강은 충청북도를 거쳐 경기도로 들어간다. 달천, 섬강, 청미천과 합류하다가 드디어 북한강의 거대한 물줄기를 만나니, 그곳이 두물머리다. 두물머리에서 비로소 "한강"이라는 이름을 획득한다.

한강은 서울을 지나 장장 375킬로미터의 대장정을 마무리하며 바다로 합쳐진다. 높은 곳에서 떨어지다가 낮은 평야를 거닐고, 남으로 내려가다가 북으로 치솟고, 수많은 천(川)과 강(江)을 아울러 노래와 사연을 만들어내며 끝내 바다로 펼쳐지는 한강은 가히 민족의 젖줄이라고 할만하다.

평양대부흥은 한국의 오순절이었다. 성령이 폭포수처럼 쏟아졌다. 민족사를 바꾸는 거대한 물줄기와 같은 사건이었다. 커다란 강의 근원에는 작지만 생명력

있는 샘이 있었다. 대부흥의 발원지는 스물여섯 살에 요절(夭折)한 청년이었다. 로버트 저메인 토마스(Robert Jermain Thomas, 1840-1866), 조선을 위해서 죽은 최초의 순교자였다.

토마스는 대영제국에 속한 웨일스 출신이다. 헌신적인 목회자 가정에서 태어났고 아주 뛰어났다. 불과 14세에 옥스퍼드 대학교 지저스 칼리지의 최우등 장학생으로 선발되었다. 옥스퍼드는 예나 지금이나 수재들만이 입학할 수 있는 곳이다. 하지만 너무 어리다는 이유로 입학이 보류되어 차점자에게 기회를 양보했다.

토마스의 짧은 생애는 세 가지 측면에서 빛을 발한다. 첫째는 영적인 열정이다. 영국에서든 중국에서든, 마지막에 조선에서 죽는 순간까지도, 그는 열정적인 전도자였다. 당시에 거리에서 전도하는 일은 위험했다. 복음을 거부하는 사람들은 욕설을 퍼붓고 손가락질하고 돌을 던졌다. 그래도 토마스는 물러서지 않았다. 매일 전투 같은 전도에 뛰어들었다.

둘째는 설교의 재능이다. 담임목회를 한 적이 없음에도 불구하고, 불과 21세의 나이에 156번 설교한 기록이 남아있다. 영국 교회에는 새벽 기도나 수요 예배,

대부흥의 발원지(發源地), 순교자의 피

철야 예배가 없었다. 노방 전도를 제외하고 156번이나 설교를 했다는 것은 주일날 다른 교회의 초청을 받아서 말씀을 전했음을 나타낸다. 그것은 2-3년간 담임 목회를 한 목사가 설교하는 분량에 해당한다.

토마스의 노트에는 설교한 기록이 꼼꼼히 남아있다. 그는 렉섬(Wrexham), 리버풀(Liverpool), 체스터(Chester) 등 웨일스와 잉글랜드 전역을 다니면서 설교했다.

셋째는 언어의 은사이다. 이미 22살의 나이에 프랑스어, 독일어, 포르투갈어, 스페인어, 이탈리아어, 러시아어를 말하고 쓸 수 있었다. 선교사로 떠나기 이전에 10여 개국의 언어를 구사할 수 있었다.

그리피스 존(Griffith John) 선교사는 다음과 같이 회고했다. "지금까지 어학에 재능이 있는 사람들을 많이 만나 보았지만 토마스 선교사처럼 뛰어난 사람은 생전 처음 보았다. 그가 1864년 봄에 항저우를 방문했을 때 함께 러시아 상인을 만나러 간 적이 있는데, 놀랍게도 그는 한참 동안이나 러시아어로 대화를 나누었다. 러시아 상인은 '토마스 선교사는 한 음절밖에 실수한 것이 없다. 그 부분은 러시아 본토 사람 말고는 누구나 실수하는 부분이다'라며 감탄하였다."

토마스의 아내 역시 좋은 집안 출신이었다. 캐롤라인 고드프리(Caroline Godfrey)의 아버지 존 고드프리는 지역 최고의 갑부였다. 탠서(Tansor)의 주민 중에 그의 땅을 밟지 않고 살 수 있는 사람은 없었다. 살림을 맡는 하인만 15명에 달하는 재력가였다.

집안이나 학력이나 재능이나, 어느 것 하나 빼놓을 것 없던 남녀가 결혼식을 올린 곳은 런던이었다. 1851년 런던에서 열린 만국 박람회 안내 책자는 이렇게 소개한다. "런던은 세계의 도시들 가운데 인구가 가장 많을 뿐 아니라 가장 크고 부유한 도시이다."

그 말은 결코 과장이 아니었다. 당시 런던의 인구는 3백만에 이르렀다. 1863년에는 세계 최초로 지하철이 운행되었다. 해가 지지 않는 나라, 대영제국의 빛나는 수도였다. 그러나 토마스 부부는 그 모든 것을 버렸다. 1863년 7월 21일, 두 사람은 배를 탔다. 영국과 비교할 수 없을 만큼 열악했던 중국으로 떠났다. 모든 좋은 것들을 포기했던 이유는 가장 좋은 것을 향한 갈망이 그들을 사로잡았기 때문이다. 그것은 하나님이 맡기신 선교의 소명이었다.

영국을 떠난 지 5개월여 만에 그들은 중국 상하이에

대부흥의 발원지(發源地), 순교자의 피

도착하였다. 선교지에서의 삶은 시작부터 삐걱거렸다. 토마스 내외는 상하이에 가면 영국 건축회사에서 지은 새 집에 입주하기로 선교회와 약속했었다. 하지만 도착해서 보니, 이미 그 집에는 런던 선교회 상하이 지부장인 뮤어헤드의 가족들이 살고 있었다. 결국 토마스 부부는 할 수 없이 한 지붕에 두 가족이 사는 불편을 감수해야 했다.

캐롤라인은 영국을 떠날 때 이미 임신 중이었다. 예민했던 그녀는 기나긴 항해, 상하이의 더운 날씨와 비위생적인 환경으로 고생을 많이 했다. 신혼 시절에 함께 지내야 했던 뮤어헤드 가족과의 관계도 적지 않은 스트레스가 되었다. 남편인 토마스가 보기에, 캐롤라인은 뮤어헤드 부인에게 여러 가지로 괴롭힘을 당했다. 하지만 내성적인 성격에다 영국의 엄격한 교육을 받은 규수였던 캐롤라인은 힘들어도 내색을 하지 않았다.

1864년 3월 11일, 토마스는 중국 내륙 한커우로 향했다. 상하이가 너무 더웠기에, 여름을 보낼 지역을 찾기 위해서였다. 토마스가 떠나 있는 사이에, 비극이 일어났다. 캐롤라인과 가깝게 지내던 미국 선교사의 부인이 갑자기 세상을 떠났다. 당시의 중국에서 선교사의 죽음은 흔했다. 토마스와 함께 사역했던 200여 명의 선교사들 가운데 50명 이상이 각종 질병이나 중국인들의 폭력에 의해서 죽었다. 선교는 목숨을 걸어야 하는 일이었다.

머나먼 타국, 위험한 선교지에서 피붙이보다 가까웠던 친구의 갑작스런 죽음은 임산부에게 커다란 충격이 되었다. 늘 몸이 안 좋아 남편을 노심초사하게 했던 그녀는 유산을 하고 말았다. 아이를 잃은 캐롤라인은 한 커우로 떠난 남편에게 전갈을 보냈다. 유산을 했지만 자신은 괜찮으니, 염려하지 말라는 내용이었다.

잘 배운 영국 숙녀답게 감정을 절제한 메시지였지만, 사실은 아니었다. 제대로 돌봐줄 사람이 없는 상황에서 캐롤라인은 하혈을 많이 했다. 그러면서 바이러스에 감염되었다.

캐롤라인 토마스는 생사(生死)를 넘나드는 사투(死鬪)를 벌였다. 혼수상태에 빠졌다가 깨어나면 자신보다 남편인 토마스를 염려했다. 1864년 3월 24일, 마지막으로 의식이 돌아왔을 때, 그녀는 나지막한 목소리로 분명히 말했다. "주님은 나에게 고귀한 분입니다."

스물아홉 살, 젊은 여선교사의 유언이었다.

아내가 세상을 떠나고 10여일이 흐른 뒤, 토마스는 자신을 파송했던 런던 선교회에 편지를 보냈다. 아내의 소식을 전한 뒤, 선교사는 마음을 털어놓았다. "제가 느낀 상실감은 말로 형언할 수 없는 것입니다. 이런 제 마음을 바꿔줄 새로운 사역지를 찾아야 합니다."

말로 형언할 수 없는 상실감 속에서도 새로운 사역지를 찾는 모습, 선교사처럼 숭고하고 선교사만큼 잔인하다. 그의 편지는 욥기 1장 21절 말씀으로 끝난다. "주신 자도 여호와시요 취하신 자도 여호와시오니 여호와의 이름이 찬송을 받으실 지어다."

조선과의 만남,
그 우여곡절

신참 토마스와 고참 뮤어헤드와의 관계는 좋지 않았다. 토마스는 신참다운 패기로 기회만 있으면 중국인들을 만나서 복음을 전하려고 했다. 뮤어헤드는 고참다운 노련함 혹은 노회함으로 안전구역을 벗어나지 말도록 경고했다.

인간 세상의 전통적인 문제는 선교지에서도 전통적이었다. 바로 돈이다. 선교사이자 담임 목회자였던 뮤어헤드는 사례비를 받으면서도, 부사역자인 토마스에게는 사례비를 지급하지 않았다. 선교사들도 역시 사람이다.

처음에 토마스 내외가 살기로 한 집에서 두 가정이 함께 지낸 것부터가 문제였다. 캐롤라인의 죽음은 두 사람 사이를 결정적으로 틀어버렸다. 뮤어헤드는 캐롤라인이 임종할 때 자신이 많은 부분을 도와주고 배려했는데도 토마스가 은혜를 모른다고 비난했다. 하지만 토마스는 아내가 생전에 뮤어헤드 부인에게 시달렸고, 사경을 헤맬 때도 무성의한 대접만을 받았다고 생각했다.

결국 토마스는 런던 선교회에 사표를 던졌다. 상하이에 온 지 1년이 조금 넘은 1864년 12월 17일, 연이은 고통에 지친 선교사는 산둥성 북부 해안의 항구 도시 즈푸로 떠났다.

위대한 역사를 이루는 요소는 반드시 위대하지만은

않다. 때로는 초라하고 때로는 어이없다. 숭고한 희생으로 끝난 생애 역시 숭고하지만은 않은 일상들로 구성된다. 때로는 평범하고 때로는 어리석다. 한반도 복음화의 씨앗을 뿌린 토마스에게서도 확인된다.

고참과 갈등을 일으키고, 돈 문제로 싸우고, 사표를 던지는 모습은 스물네 살, 청년다운 치기(稚氣)를 보여준다. 즈푸로 온 토마스는 뛰어난 언어적 재능을 활용하여 세관 통역관으로 일했다. 바로 그 사건이 토마스와 한국의 운명을 바꾸어 놓게 된다.

한반도에서 볼 때 중국의 항구 중에서 가장 가까운 곳이 바로 즈푸였다! 백령도와는 불과 200킬로미터 정도의 거리였다. 이런 지리적인 이유 때문에 조선인들은 은밀하게 즈푸를 오가며 무역을 했다. 당시 조선정부는 외국과의 무역을 금지했다. 하지만 발각만 되지 않으면 중국과의 교역은 눈감아 주고 있었다.

즈푸에서, 그것도 세관 통역관으로 무역하는 일에 참여했기에, 토마스는 자연스럽게 조선인들을 만났다. 조선에 대한 토마스의 인상은 아주 좋았다. 강하고 단호하다는 느낌이었다. 예의가 바르고 늘 흰옷을 입고 다니는 모습이 특징적이었다. 토마스의 판단으로, 조선인들은 큰 역량을 가진 민족이었다. 늘 전도자의 열정으로 불타올랐던 그는 조선에서 복음의 씨앗이 풍성한 열매로 맺어지리라는 예감을 가졌다.

토마스는 스코틀랜드 선교회 소속으로 절친한 관계였던 알렉산더 윌리엄슨(Alexander Williamson)에게 복음을 전하기 위해 조선에 다녀오고 싶다고 말했다. 윌리엄슨도 동의하여 두 사람은 선교여행을 준비했다. 토마스는 그때부터 두 명의 조선인들과 정기적으로 만나며 조선말을 배우기 시작했다.

1865년 9월 4일, 토마스는 스코틀랜드 성서공회의 대리인 자격으로 첫 번째 조선 선교여행을 떠났다. 다량의 한문성경과 기독교 서적을 가지고 백령도를 거쳐 9월 13일 조선 본토에 상륙했다. 토마스는 가는 곳마다 성경을 나누어 주며 복음을 전했다. 왕이 있는 한양까지 가려고 했지만, 강풍이 불어 배가 파선되었다. 할 수 없이 만주의 피쯔워 항구로 돌아가야 했다.

만주에서 베이징까지는 육로로 이동했다. 당시의 만주에는 마적들이 출몰하고 있었다. 여러 차례 죽음의 고비를 넘긴 끝에 베이징에 도착했다. 즈푸를 떠난 지

대부흥의 발원지(發源地), 순교자의 피

4개월 만이었다.

1차 선교여행에서 돌아왔을 때, 토마스는 사표를 내고 탈퇴했던 런던 선교회에 재가입된 상태였다. 그는 1866년 1월 12일 선교회로 편지를 보냈다. "...정리하자면, 저는 서구 사람들과 떨어진 채로 3,200킬로미터 가까이 바다와 대륙을 여행하면서 4개월을 지낸 셈입니다. 그 동안 조선 서부 두 지방의 해안을 잘 알게 되었고, 나중에 그들과 교제할 때 사용할 수 있도록 많은 단어와 대화들을 기록해두었습니다..."

미지의 세계를 향하여 용감하게 떠났던 청년 선교사의 보고에, 선교회는 흥분했다. 런던 선교회 1866년 7월 회보를 인용한다.

"우리의 형제 토마스 선교사는 베이징에 무사히 도착하여 이사회의 환영을 받았습니다. 그는 윌리엄슨과 연계하여 조선 서해안에 성경을 나눠 주기로 결심하고 조선을 다녀왔습니다. 천주교 선교사들에게 말고는 전혀 알려져 있지 않은 나라에서 모험적인 사역을 계획하고 바다의 위험과 땅의 위험을 무릅쓰며 4개월 동안 복음을 전하고 목적지까지 안전하게 돌아온 헌신된 형제로 인하여 주님께 감사드립니다."

조선 여행에서 돌아온 토마스는 베이징에 머물면서 선교사역을 계속했다. 영국에서와 마찬가지로 노방전도에 열을 올렸다. 선교회가 설립한 교회에서 중국인들을 대상으로 중국어 설교도 했다. 베이징 시절을 함께 지낸 폴린 모라슈(Pauline Morache)는 다음과 같이 회고했다. "토마스는 완벽한 복음 전도자였다. 그는 런던 선교회에서 세운 교회에 매일 나가서 오전 10시부터 오후 4시까지 설교했다. 50명에서 100명 정도가 그 복음을 듣고 회심하였는데, 그들은 인내와 진실된 마음으로 성실하게 설교를 들었다."

선교사로서, 특히 서양의 백인 선교사로서 토마스의 특기할만한 점은 인종차별이 없었다는 것이다. 그는 중국인들을 사랑했고 조선인들의 역량을 높이 평가했다. 기회가 닿는 대로 친밀한 관계를 맺으려고 노력했고 복음을 전하려고 애썼다.

베이징에서 중국인들을 전도하는 동시에, 조선선교를 준비하던 토마스에게 조선인들을 만날 기회가 또 다시 왔다. 당시 조선은 새해, 황제와 황태자의 생일, 동지(冬至) 때마다 중국에 사절단을 파견했다. 토마스는 조선 외교단을 만났고 친밀한 교제를 나누었다. 당연히 그들에게 한문성경을 주었고 기독교의 교리도 소개했다. 사절단을 통해서 조선에 성경과 기독교 서적을 보급하기도 했다.

1866년 4월 4일 런던 선교회로 보내는 편지에 토마스는 이렇게 썼다. "해마다 정기적으로 중국을 방문하는 사절단이 막 베이징을 출발했습니다. 저는 베이징에 있는 다른 외국인들보다 조선인들과 가까워지려고 노력했습니다. 조선에 대한 약간의 지식은 그들이 머무르는 숙소에 들어갈 수 있는 기회가 되었습니다.

잘 알고 계시겠지만, 조선에는 천주교 선교사가 11명이 있으며 수천 명의 천주교 개종자들이 있습니다. 작년에 조선에 머무르는 동안 많은 것을 알게 되었습니다. 그들은 천주교의 교리와 사제에 대해서는 지극히 헌신적이면서도 우리 기독교의 좀 더 순수하고 단순한 믿음은 받아들이려고 하지 않습니다. 선교부는 일본, 조선, 몽골에 복음을 전하기 위하여 계획을 세워야 합니다."

제너럴 셔먼 호,
죽음의 항해

토마스에게 또 한 번 조선에 갈 수 있는 기회가 열렸다. 미국 상선 제너럴 셔먼 호가 평양으로 떠난다는 정보를 입수한 것이다. 제너럴 셔먼 호는 길이 54.54미터에 너비 15.15미터, 높이 9.09미터의 위용을 자랑했다.

2개의 돛대가 있었는데, 큰 것은 45.45미터, 작은 것은 39.39미터였다. 첫 번째 여행에서 풍랑을 만나 파선하고 육로로 귀환하면서 수많은 위기를 맞았던 토마스에게 이처럼 큰 배는 안전하고 매력적이었다. 성경을 마음껏 실을 수 있다는 장점도 있었다.

1866년 8월 9일, 토마스는 제너럴 셔먼 호에 올랐다. 배는 조선과의 교역을 시도하기 위한 목적으로 떠났다. 배 안에는 조선에서 팔릴만한 비단, 유리, 바늘, 그릇, 자명종, 천리경 등이 실려 있었다. 탑승객은 총 24명이었다. 토마스는 성경과 기독교 서적, 그리고 조선에서 가져온 한복을 들고 배에 올랐다.

대부흥의 발원지(發源地), 순교자의 피

제너럴 셔먼 호가 처음으로 닻을 내린 곳은 백령도 두문진이었다. 외국선이 왔다는 소식을 듣고 관리들이 수비대에 공격 명령을 내렸다. 그러나 명령은 실행되지 않았다. 배가 중무장을 하고 있는 범선이었기에 감히 공격할 수가 없었다. 또 다른 이유는 이미 백령도를 방문한 적이 있어 안면이 있는 토마스가 배에서 내려 성경을 나눠 주었기 때문이었다. 그는 발포 명령을 받은 군인들에게까지 성경을 나누어 주었다.

백령도 주민들은 난생 처음 보는 거대한 배를 구경하려고 나왔다. 외국인들은 무언가를 비비더니 불을 만들어냈다. 갑자기 불이 나자 조선인들은 깜짝 놀랐다. 성냥을 처음 본 것이다. 당길수록 늘어나는 줄도 주민들에겐 신기했다. 그건 고무줄이었다.

희한하게 생겨서 놀라운 물건들을 보여주는 외국인들 가운데서도 특이했던 한 사람이 있었다. 최익로(崔益魯)의 증언이다. "제너럴 셔먼 호가 처음 왔을 때 친구들하고 배를 구경하러 갔었다. 그 외국인들 중 한 명이 유독 친절하여 우리를 반갑게 맞이해 주었다. 그 당시에는 그가 우리에게 나눠 주었던 음식들에 대해 잘 몰랐지만, 지금은 그것이 케이크라는 것을 알고 있다.

또한 그로부터 몇 권의 책을 받았는데 후에 조선 군인들의 위협적인 태도에 우리는 그 책을 버리거나 포기할 수밖에 없었다."

8월 17일 제너럴 셔먼 호는 대동강 안쪽으로 거슬러 올라갔다. 마침 홍수로 강물이 불어나서 항해는 순조로웠다. 당시의 조선에서 정부도 보유하지 못했던 거대한 배의 출현은 백성들에게 커다란 충격이었다. 대동강변에는 서양 배를 구경하기 위해서 2천여 명이 모여들었다. 그것은 토마스에게 하나님이 주신 기회였다. 그는 보트를 타고 강가로 가서 성경책과 기독교 서적을 나누어 주었다. 서투른 조선어로 복음을 전하기도 했다.

토마스는 활발하게 선교했지만, 상황은 악화되었다. 통상을 요구하는 제너럴 셔먼 호와 거부하는 조선 사이에 팽팽한 긴장감이 감돌았다. 8월 27일, 조선군의 순시대장이었던 중군 이현익이 제너럴 셔먼 호 승무원들에 의해 억류되었다. 분노한 평양 관군이 사격을 시작했고 제너럴 셔먼 호도 응수했다.

이때 영웅이 등장한다. 퇴역 장교 박춘권(朴春權)이

다. 그는 8월 28일, 단신으로 보트를 타고 제너럴 셔먼 호에 접근했다. 혼자 힘으로 미국 측에 억류되어 있던 이현익을 구출했다.

박춘권은 제너럴 셔먼 호 사건의 성격과 의미를 한 몸으로 보여준다. 인질을 구출하고 서양 오랑캐를 물리친 공로로 벼슬을 하게 된다. 토마스 선교사를 죽인 사람으로도 알려졌다. 동시에 훗날에는 기독교로 개종하여 평양 장로교회 최초의 교인이 되기도 한다. 이 땅에 기독교를 전하기 위해서 온 선교사 일행을 무찌른 동시에 그들이 전한 복음에 감화된 인물, 격변하는 역사가 빚어낸 역설적인 인생이다.

홍수로 불어났던 대동강물은 계속해서 줄었다. 수위가 내려가자 제너럴 셔먼 호는 강 하구로 후퇴하려고 했지만, 올라올 때와 달리 수로를 찾지 못했다. 1866년 9월 4일, 그믐이었기에 달빛도 없는 어두운 밤, 배는 물이 빠져나간 대동강 쑥섬의 진흙 바닥에 좌초되었다.

다음날인 9월 5일, 조선군은 유황을 뿌린 나무와 풀을 가득 실은 거룻배에 불을 붙였다. 배 전체가 타오르는 불덩이가 되어 제너럴 셔먼 호를 향해서 돌진했다.

이미 조선 관민의 총탄과 화살 공격으로 고슴도치 같은 형색을 하고 있던 서양 배는 불길에 휩싸였다. 선원들은 배에서 뛰어내려 탈출했다. 하지만 그들을 기다리고 있는 것은 조선군의 칼과 창이었다.

불길이 치솟고 비명소리가 들리고 총탄이 날아오는 순간에, 토마스는 마지막까지 불타는 배에 남아있었다. 있는 힘을 다해 대동강변을 향하여 성경을 던졌다. 그리고 조선 사람들에게 외쳤다. 그가 유언처럼 외친 말은 무엇이었을까.

오문환(吳文煥)은 1928년 『도마스 목사전』을 저술하면서, 토마스의 최후를 이렇게 증언했다. "도마스는 죽기 전에 뱃머리에서 용감하게도 홀로 '야소'를 외치고 남은 성경을 뿌렸다."

마지막까지 그가 외친 이름은 "예수"였다. 토마스는 한 권의 성경책을 가슴에 품고 배에서 내렸다. 체포되어 끌려간 그는 자신을 향하여 칼을 겨눈 조선군에게 끝까지 품고 있던 성경을 전했다. 칼이 무릎 꿇은 선교사의 가슴을 찔렀다.

토마스를 죽인 군졸은 가족들에게 말했다. "내가 오늘 서양 사람을 죽였는데 아무리 생각해도 이상한 점

대부흥의 발원지(發源地), 순교자의 피

이 있다. 내가 그를 찌르려고 할 때에 그는 두 손을 마주잡고 무슨 말을 한 후에 웃으면서 책 한 권을 내밀며 받으라고 권하였다. 결국 그를 죽이기는 했지만, 그 책을 받지 않을 수가 없어서 가지고 왔다."

자신을 찌르는 병사를 향하여 끝까지 웃으며 성경을 전했던 토마스, 조선에 예수를 전했던 선교사는 예수처럼 죽었다.

오문환은 1918년부터 토마스의 행적을 조사했다. 토마스를 만나 성경을 받거나 그와 면담을 했던 조선 사람 중에 오문환이 만난 사람만 무려 200여명이었다. 불과 1년 밖에 안 되는 짧은 기간에, 단 두 번의 전도여행을 통해서 토마스가 얼마나 열심히 선교했는지를 입증하는 인원이다. 토마스를 만난 조선인들의 회고를 소개한다.

- 청년 박민우(朴敏祐)는 성경을 받았는데, 그는 토마스 선교사의 설교가 재미있었다고 증언했다. 훗날 박민우는 기독교인이 되었다.

- 소년 홍신길(洪信吉)은 친구 2명과 함께 배를 저어 제너럴 셔먼 호로 갔다. 토마스는 갑판에 나가서 소년들을 반갑게 맞이하고 그의 방으로 데리고 갔다. 소년들은 책장이 많은 그 방에서 처음으로 "케이크" 맛을 보았다. 홍신길은 훗날 그 곳에서 생전 처음 감자를 보았다고 회고하기도 했다. 그들은 어김없이 "몇 권의 책"을 받았다.

- 김영섭(金永燮)은 토마스로부터 『진리역지(眞理易知)』라는 책을 받았다. 그 책을 남몰래 거듭해서 읽다가 마침내 기독교의 진리를 알게 되었다. 그는 아들 김종권(金宗權)과 조카 김성집(金成集)에게도 진리를 가르쳤고, 후에 그들은 교회의 장로가 되었다.

- 당시 11세였던 최치량(崔致良)은 숙부와 함께 구경하러 갔다가 토마스 선교사가 뿌린 성경 3권을 받았다. 훗날 최치량은 조선 최초의 장로교인이 되어 장대현교회 창립의 주역으로 활약했다.

대부흥의 발원지(發源地), 순교자의 피

- 20세였던 여인 이신행도 한 권을 가지고 집으로 왔다. 훗날 그녀는 여자로서는 평양 최초의 교인이 되었다. 그녀의 아들인 이덕환(李德煥)도 오랫동안 평양 장대현교회의 장로로 시무했다.

순교의 씨앗,
대부흥으로 꽃피다

군(軍)의 관리였던 영문주사(營門主事) 박영식은 성경을 보고 색다른 생각을 했다. 당시 중국에서 만든 성경책은 종이의 질이 좋았다. 한쪽 단면만 인쇄되어 있어서 도배하기에도 알맞았다. 그는 책에서 종이를 뜯어서 벽지로 사용하면 좋겠다고 판단했다. 결국 그의 집은 성경으로 도배가 된 "말씀의 집"이 되었다.

성경으로 도배를 한 것까지는 가난한 시절의 에피소드로 얼마든지 있을 수 있는 일이다. 그런데 그 다음부터 있을 수 없는 일들이 일어났다. 성경으로 도배된 박영식의 집은 훗날 토마스에게 성경을 받았던 최치량에게 팔렸다. 최치량은 그곳을 여관으로 사용했다.

1890년, 최치량의 여관에 특별한 손님들이 머물렀다. 미국 북장로회 선교사 사무엘 마펫(Samuel A. Moffet, 1864-1939, 한국명 마포삼열)과 그의 전도를 받은 한석진(韓錫晉)이다. 마펫은 훗날 평양 선교부를 창립하고 평양 신학교를 세웠다. 한석진은 한국이 낳은 최초의 목사 7인 중의 한 명이 된다.

그들이 평양에 간 이유는 복음의 불모지를 개척하기 위해서였다. 기생의 도시로 유명했던 평양에 선교의 씨앗을 뿌리기 위해서 찾아갔는데, 그들이 머무른 여관의 벽이 온통 성경으로 도배되어 있었다! 마펫과 한석진이 얼마나 놀라고 감격스러웠겠는가! 그들은 여관 주인 최치량을 전도해서 그가 최초의 평양 교인이 된다.

성경을 벽지로 사용한 여관에서 놀랐던 마펫은 평양 주민들을 전도하면서 또 한 번 놀라게 된다. 토마스 선교사로부터 받은 성경을 간직하고 있던 사람들을 계속해서 만났던 것이다. 마펫과 교인들은 깡패들에게 돌팔매질을 당하고 온갖 고초를 겪으면서도 선교를 계속했다.

마펫 선교사는 조선인들에게 복음을 전하는 한편, 교인들에게 민주주의를 가르치는 데 온 힘을 기울였다. 교회가 민주적인 조직체였기 때문에, 눌린 자를 해방시켜 자유케 하는 복음을 조선 백성들에게 심어주려 한 것이다.

평양에 신자들이 점점 많아지면서 1893년 2월, 마침내 교회를 세우게 되었다. 그 교회가 평양 최초의 장로교회인 널다리골 교회이다. 널다리골 교회는 최치량의 여관을 매입하여 그 자리에 세워졌다. 그해 10월에 첫 학습 예식이 장중하게 거행되었다.

학습을 받은 사람은 최치량, 이동승, 전재숙, 문흥준, 조상정, 음봉태 여섯 명이었다. 그들은 다음해 정월에 세례를 받고 평양에서 장로교회의 첫 세례 교인이 되었다. 널다리골 교회가 계속해서 성장하여서 장대현교회가 된다. 평양대부흥이 일어났던 바로 그 교회이다.

여기에서 하나님의 놀라운 섭리를 발견한다. 토마스가 전한 성경이 박영식의 집에 도배되었고, 그 집이 최치량의 여관이 되었으며, 그곳에 마펫과 한석진이 머물렀고, 마침내 널다리골 교회로 변신해서, 장대현교회로 성장하면서 평양대부흥이 일어났다.

검룡소에서 시작된 작은 물줄기가 천이 되고 강이 되어 마침내 민족의 젖줄인 한강으로 거대해졌듯이, 순교자의 핏방울이 민족의 대부흥으로 이어졌다. 하나님의 섭리는 놀랍기만 하다.

박영식의 집에서 장대현교회로 이어진 우리의 역사는 이스라엘 성전의 기억을 떠올리게 한다. 역대하 3장 1절은 성전이 세워진 장소를 소개한다. "솔로몬이 예루살렘 모리아산에 여호와의 전 건축하기를 시작하니 그곳은 전에 여호와께서 그 아비 다윗에게 나타나신 곳이요 여부스 사람 오르난의 타작마당에 다윗이 정한 곳이라."

하나님의 성전은 특별한 역사가 깃든 곳에 세워졌다. 그곳은 모리아산이요 오르난의 타작마당이다. 모리아산은 아브라함이 이삭을 바친 곳이다. 백 살이 되어서 낳은 아들, 생명보다 소중한 아들, 25년을 나그네로 떠돈 끝에 얻은 아들을 하나님의 명령을 따라서 제물로 드린 곳이다. 가장 처절한 희생이 드려진 모리아산에 하나님의 성전이 지어졌다.

장대현교회의 사연도 유사하다. 젊은 아내와 태중의 아이를 선교지에서 잃고, 스물여섯 살에 생명을 바친 토마스가 전한 성경으로 도배된 바로 그곳에 교회가 세워졌다.

오르난의 타작마당은 다윗의 회개가 서린 곳이다. 다윗이 인구조사를 실시했다. 인구가 얼마나 되고 군사력이 어느 정도 되는 지를 측정하는 조사인데, 여기에 치명적인 죄악이 스며들어 있다. 하나님을 의지하지 않고 사람의 능력을 의지하려는 마음이다. 인구가 많고 군사력이 강하고 경제력이 부유함을 의지하는 나라가 되려는 경향이다.

하나님이 진노하셔서 이스라엘을 심판하셨다. 백성들이 죽어갔다. 이에 다윗이 굵은 베옷을 입고 엎드려 비통하게 회개한다. "명하여 백성을 계수하게 한 자가 내가 아니니이까 범죄하고 악을 행한 자는 곧 내니이다 이 양 무리는 무엇을 행하였나이까 청컨대 나의 하나님 여호와여 주의 손으로 나와 내 아비의 집을 치시고 주의 백성에게 재앙을 내리지 마옵소서"(역대상 21.17). 하나님이 다윗의 기도를 들으사 심판을 거두셨다.

동일한 역사가 1907년에 장대현교회에서도 일어났다. 강력한 성령의 임재를 느낀 성도들은 가슴을 치고 머리를 쥐어뜯고 떼굴떼굴 구르고 몸부림치며 죄를 회개했다.

가장 처절한 희생이 드려진 모리아산, 가장 진실한 회개가 행해진 오르난의 타작마당, 두 장소는 같은 곳이다. 바로 그 자리에 솔로몬의 성전이 세워졌다. 장대현교회는 평양대부흥으로 한국의 모리아산이요 오르난의 타작마당이며, 한민족의 성전(聖殿)이 되었다.

알렉산더 윌리엄슨은 토마스의 조선 방문을 물심양면으로 도왔던 선교사였다. 오랫동안 우정을 나누기도 했다. 친구가 죽었다. 그것도 자신과 함께 추진했던 조선선교의 결과로 죽었다. 남겨진 그에게 조선은 너무나 큰 아픔이었고 빚이었다.

윌리엄슨은 토마스가 죽고 1년이 지난 1867년 9월 9일부터 만주의 고려문에서 조선인들을 대상으로 전도를 시작했다. 그곳은 조선과 청나라의 국경이었던 압록강 북쪽에 있던 마을이어서, 중국을 오가는 조선 사람들이 자주 들르는 곳이었다.

1872년 8월 23일, 조선의 운명을 바꿀 인물이 윌리엄슨에게 찾아온다. 그를 돕기 위해 스코틀랜드 장로교단 소속의 존 로스(John Ross) 선교사가 즈푸에 도착한 것이다. 그는 윌리엄슨으로부터 조선에 대한 정보와 토마스 선교사의 순교 소식을 들었다. 그때부터 로스는 남다른 감정으로 조선을 바라보게 되었다.

로스는 1874년 고려문을 방문하여 조선인들과 접촉하였다. 1876년 3월 강화도 조약으로 조선의 문호가 개방되었다는 소식을 듣고 9월 말에 다시 고려문을 찾아갔다. 이때 이응찬(李應贊)으로부터 조선어를 배웠다. 그리고 백홍준(白鴻俊), 서상륜(徐相崙), 이성하(李成夏) 등과 함께 한민족의 운명을 바꾼 대사역을 시작했으니, 성경 번역이다.

로스는 중국에 파송된 선교사였다. 그런데 그는 조선인들을 만나서 조선어로 성경을 번역했다. 그러니 선교부에서는 못마땅해 했다. 스코틀랜드 선교부로부터 비난을 받았지만, 로스는 번역을 멈추지 않았다. 1882년 누가복음과 요한복음을 완역했다. 1884년에는 마태복음과 마가복음을 간행했다. 드디어 1887년에는 신약성경 전체를 인쇄했다. 3,000부가 간행된 이 『예

수성교전서』는 조선어로 된 최초의 성경이라고 할 수 있다.[6]

조선인들은 비밀리에 성경을 가지고 조선으로 들어와 판매했다. 로스의 전도를 받아 기독교인이 되고 성경 번역에도 참여했던 서상륜은 1884년 한국교회의 효시가 된 소래교회를 개척했다. 그의 동생 서경조(徐景祚)는 평양대부흥 이후에 안수 받은 최초의 한국 목사 7인 가운데 한 명이 된다.

성경이 조선에 전해지면서, 사경회(查經會)가 등장했다. 오전에는 성경을 배우고 오후에는 전도하며 저녁에는 뜨겁게 기도하는 집회를 갖는 형태이다. 평양 대부흥은 바로 사경회를 통해서 이루어졌다.

토마스는 단 두 번 조선에 왔을 뿐이다. 그나마도 대부분 배에 머물렀고 조선 땅을 밟았던 기간은 불과 며칠에 지나지 않는다. 그러나 그 짧은 기간에 그를 만났던 사람들이 조선 복음화의 선구자들이 되었다.

그가 던진 성경을 받은 이들이 훗날 평양대부흥의 주역으로 자라났다. 그의 기억이 서린, 바로 그 장소에서 대부흥의 불길이 타올랐다. 그의 죽음에 빚진 친구의 권유로 조선을 알게 된 선교사에 의해서 성경이 우리말로 번역되었다.

순교자의 피가 흘러 마침내 부흥의 바다에 이르렀다. 한 알의 씨앗이 떨어져 죽음으로 많은 열매를 거두었다.

| 2장 |

하디와 원산대부흥

▲ 원산대부흥의 주역, 하디 선교사 가족

비위생적이고 의료시설이 열악했던 당시, 하디는 두 아이를 한국 땅에 묻었다.

▲ 대부흥이 일어난 원산의 감리교회

윤성근의 회개로부터 "양심전(良心錢) 운동"이 일어났다.

부흥의 불꽃,
하디의 공개적인 회개

1901년 가을 윤치호(尹致昊, 1865-1945)가 덕원 감리(지금의 원산 시장)로 부임했다. 그는 1887년 중국 상하이에서 회심한 우리나라 최초의 감리교인이었다. 윤치호가 묘사한 원산의 상황은 심각했다. 관리와 향반은 부패했고, 정직한 자는 가난했다. 양반은 한국의 저주요 아전은 돈을 빨아먹는 거머리라고 비판했다. 윤치호의 날카로운 필봉(筆鋒)은 선교사들에게도 향했다. 1902년 12월 4일 일기에서 그는 원산에서 만난 선교사들에 대해서 말한다.

"매우 춥다. 오후 4시에 하디 부인을 방문했는데 저녁까지 먹게 되었다. 저녁 시간은 즐겁지 않았다... 새로 온 선교사 저다인(Joseph L. Gerdine, 한국명 전요섭)의 태도를 좋아하지 않기 때문이다. 그가 나를 대하는 태도에는 사람을 깔보고 거만한 데가 있다.

　…공손하고 예의 바른 태도가 반드시 좋은 선교사를 만드는 것은 아니지만, 좋은 선교사는 반드시 예의 바른 신사이다. 경멸스럽게 무시하는 것은 선교사로서는 더 큰 불운이며 더 심한 잘못이다.”

　한국 최초의 감리교인이 최초의 감리교 선교사들을 비판한 글이다. 사실, 당시의 상황에서는 특별하다고 할 수 없는 내용이었다. 백인들이 세계를 정복하여 식민지로 만드는 제국주의 시대, 인종차별은 유행이었고 대세였다. 그러나 그것은 분명히 죄악이었다. 무너지는 나라 조선에서, 우월의식에 젖은 선교 사역 역시 신통치 못했다.

　하디(Robert A. Hardie)는 스코틀랜드 혈통으로 1865년 6월 11일 캐나다의 온타리오 할디만(Haldiman)에서 태어났다. 토론토대학 의과대학에 다니면서, 한국에 파송된 제임스 게일(James Scarth Gale)의 영향을 받아 한국에 관심을 갖게 되었다. 의과대학을 졸업한 하디는 아내 켈리(Margaret Kelly Hardie)와 함께 1890년 9월 30일 한국에 도착했다.

　의료 선교사로 환자를 돌보면서 복음을 전하던 그는

1901년부터 원산과 강원도 통천에서 개척 선교사로 3년간 일했다. 하지만 결실은 거의 없었다. 1903년 9월 하디는 고백했다. "마치 악한 자의 권세가 연합하여 매번 패배감으로 몰아넣어 사역과 자신감을 무너뜨리는 것 같았다."

1904년 보고서에서는 이렇게 심정을 토로하였다. "나는 3년 동안 강원도에서 교회가 처음 세워진 지경대(地境垈) 지역에서 어떤 다른 지역에서보다 애써 일하였으나, 그곳에서의 선교 사역의 실패는 나에게 말할 수 없는 타격을 안겨 주었고, 사역을 더 할 수 없을 정도로 절망감을 가져다주었다."

사역에 실패한 정도가 아니라 사역을 포기하고 싶을 정도로, 성과가 없었다. 이처럼 참담했던 선교사에게 빛이 비추어졌다. 빛의 주인공은 여인들이었다. 1903년 중국에서 활동하던 남감리교의 여선교사 화이트(Mary Culler White)가 한국에 왔다. 그녀와 캐나다 장로교의 매컬리(Louise Hoard McCully)는 기도의 여걸들이었다.

그녀들은 동역하는 선교사들에게 성령이 풍성하게

임하도록 함께 모여 기도하곤 했다. 기도는 전염되고 전파되었다. 무엇보다 기도가 필요함을 확신한 화이트의 제의로 남감리교 여선교사 캐롤(A. Carroll), 노울즈(Knowles), 하운셀(Josephine C. Houn-shell), 그리고 캐나다 장로교의 매컬리 등 원산의 여선교사들이 1903년 8월 24일부터 30일까지 한 주간 동안 성경공부 겸 기도회를 갖게 되었다.

화이트는 중국에서 선교사들이 잔인하게 살해당한 의화단 사건을 소개했다. 재중(在中) 선교사들이 겪은 순교와 고난에 대해 말했다. 순교로 선교했던 동료들의 간증에 한국 선교사들은 정신이 번쩍 들었다.

이때 선교사들이 하디에게 세 번의 설교를 부탁했다. 기도를 주제로 한 설교였다. 하디는 기도의 세 가지 본질을 설교의 주제로 선택했다. 그리스도 안에 거함, 그리스도를 믿음, 성령의 체험에 대해 설교하려고 준비했다. 그러나 실패한 선교사의 공허한 영혼에서는 뿜어져 나올 말씀이 없었다. 하디는 비로소 자신의 벌거벗은 모습과 직면했다.

선교 사역에서의 실패가 영적인 능력의 결핍에서 비롯되었음을 깨달았다. 영성의 부족이 자신의 근본 문제임을 파악했다. 그는 구하는 자에게 성령을 부어 주시리라는 약속(사도행전 2.33)을 붙잡았다. 그리고 밤을 새워서 기도했다. 이른 새벽에 성령이 임했다. 기도를 마치고 일어났을 때, 그는 다른 사람이 되어 있었다.

하디는 성령의 능력을 받아, 무능력을 고백했다. 선교사들에게 행한 하디의 설교는 자신의 죄와 실패에 대한 정직한 고백이었다. 훗날 그는 이렇게 회고했다. "성령이 내게 오셨을 때 그의 첫 요구는 나의 선교사 생활의 대부분을 함께 보냈던 선교사들 앞에서 나의 실패와 그 실패의 원인을 시인하게 하시는 것이었다. 그것은 고통스럽고 굴욕적인 경험이었다."

하디는 자신에게 성령의 능력이 없었기 때문에 실패했다고 인정했다. 죄악을 낱낱이 털어놓으며 눈물로 참회하고 회개했다. 하디의 고백은 동료들의 마음을 열었다. 그가 자백한 죄악들은 모인 선교사들 대부분이 공감했던, 자신들의 문제이기도 했다. 하디의 참회를 듣던 사역자들에게도 회개의 영이 부어졌다. 선교사들의 기도회에서부터 부흥은 시작되고 있었다.

성령이 계속해서 역사하시자, 하디는 멈출 수 없었

다. 선교사들 앞에서 죄를 고백했던 그는 한국인 회중들에게도 동일하게 자백했다. 서양 선교사들에게 흔히 찾아볼 수 있는 민족적 우월감, 성령의 도우심과 인도하심을 의지하기보다, 자신의 학력과 실력을 의지하는 자만감, 한국인을 미개한 민족과 무식한 백성으로 생각하는 깊은 차별의식을 그대로 토로했다. 하디는 훗날 그때의 체험을 다음과 같이 회고했다.

"내가 성령의 충만함을 깨달은 후 그 첫 주일 아침, 우리 원산 감리교회 회중 앞에 서서 부끄럽고 당황한 얼굴로 나의 교만, 심령의 강퍅함, 그리고 믿음의 결핍과 또한 이것들이 가져다준 많은 결과들을 고백하면서 그들은 처음으로 죄의 확신과 회개가 실제적인 경험 속에서 무엇을 의미하는지를 알게 되었다."

원산의 감리교인 몇 사람이 하디와 함께 매일 성경공부와 기도회를 가졌다. 어느 날 최종손이 갑자기 일어서더니, 며칠 동안 너무 괴로워 더 이상 숨길 수 없다고 말했다. 그리고 자신의 죄목들을 적은 한 장의 종이를 읽었다. 스스로 기록한 목록들 가운데는 물건을 훔친 일도 있었다. 이 일이 있기 전 사오일 밤 동안, 그는 너무 고통스러워 잠을 이룰 수 없었다.

하디가 공개적으로 자신의 교만과 죄를 고백한 그 다음 주일 오전예배 후에도 죄를 자백하는 사건이 또다시 일어났다. 축도가 막 끝나자마자 약 5개월 전에 처음으로 복음을 들었던, 존 로스 박사의 젊은 한글 선생, 진천수가 회중 앞에서 갑자기 일어섰다.

그는 감추었던 자신의 죄악들을 술술 토로하기 시작했다. 마음의 평안을 얻기 위해서 내면의 죄악들을 고백하지 않을 수 없음을 솔직하게 털어놓았다. 그의 고백은 충격적이었다. 그가 19세 되던 해 아내는 수개월 동안 병을 앓다가 세상을 떠났다. 그러나 아내가 외롭게 사투하는 동안, 그는 술을 마시며 방탕한 생활을 했다.

심지어 아내가 새해에 세상을 떠났을 때에도, 친구와 명절을 즐기지 못하게 되었다며 죽은 아내를 저주했을 정도였다. 그날 그는 눈물을 흘리며 그가 미워했던 몇몇 사람들이 있었음을 털어놓고 용서를 구했다. 1년 후인 1904년 하디는 이 사건을 이렇게 기술하였다.

"그는 교만에서부터 시작해서 탐욕, 그리고 위선적인 행위를 회개하였다. 그러고는 그곳에 모인 교인들에게 매우 진지하게 단지 외형적인 기독교 신앙을 회개하고 진정으로 하나님께로 돌아설 것을 간청하였다. 나는 비로소 성령께서 우리의 심령 안에 역사하고 계시다는 것을 깨닫기 시작했다."

원산에서 양반 가문으로 널리 알려진 젊은이가 그처럼 부끄러운 죄를 토로한다는 것은 보통 용기와 결단이 아니면 불가능했다. 자신의 죄를 공개한 이후, 그에게는 하늘의 평화가 찾아왔다. 하나님에 대한 의심이 완전히 사라졌으며, 그의 삶에 성령의 결실이 계속해서 나타났다.

1903년 8월 말 하디에게서 시작된 공개적인 죄의 자백이 9월에 접어들어 원산의 한국인 신자들에게 확산되었다. 몇 사람의 죄의 고백은 그때까지 없었던 영적 분위기를 태동시키는 전기가 되었다. 원산에서 부흥이 일어난 것이다. 부흥운동은 "죄의 회개"로 특징지어졌다. 원산의 신자들은 이전에 잘 알지 못했던 죄성과 개인적인 체험으로서의 종교를 비로소 발견하기 시작했다.[7]

부흥의 확산과
양심전(良心錢) 운동

성령은 계속해서 하디에게 감동을 주셨다. 그는 실패로 얼룩진 과거와는 달리, 성령의 능력을 의지하면 얼마든지 주의 사역을 감당할 수 있음을 깨닫게 되었다. 자신감(自信感)이 철저하게 깨진 그에게, 주신감(主信感)이 새롭게 충만해졌다.

1904년 2월 중순, 원산에서 일련의 집회를 마친 하디는 성령의 인도하심을 따라 도전에 나섰다. 그가 목적지로 삼은 곳은 강원도의 지경대 지역이었다. 3년에 걸쳐서 사역했지만, 처참한 실패를 맛본 선교지였다. 끝없는 좌절로 몰아넣었던 금화군 지경대로 가서 사경회를 인도하기로 결심한 것이다.

원산에서 지경대의 새술막까지는 5일이 걸렸다. 실패의 자리로 돌아가는 5일간, 하디에게 힘과 위로가 되었던 것은 성경이었다. 특히 여호수아서 14장 9절의 말씀이 그에게 다가왔다. "그 날에 모세가 맹세하여 가로

되 네가 나의 하나님 여호와를 온전히 좇았은즉 네 발로 밟는 땅은 영영히 너와 네 자손의 기업이 되리라 하였나이다." 하디는 "그보다 더 큰 도움이 된 말씀은 없었다"고 술회했다.

지경대 집회는 놀라운 부흥의 연속이었다. 하디는 이렇게 회고했다. "그날의 집회, 특별히 그날 오후 집회와 저녁 집회에 대한 기억은 우리가 살아 있는 한 일생 동안 우리를 떠나지 않을 것이다."

하디가 경험한 영적 각성을 나눌 때마다 성도들은 커다란 도전을 받았다. 그들은 온갖 죄악으로 가득 찬 자신을 발견하고 죄의식으로 괴로워하지 않을 수 없었다. 간절하게 하나님의 은혜만을 사모하지 않을 수 없었다. 오랫동안 실패감만 안겨 주었던 지경대가 영적으로 깨어나는 것을 목격하는 것은 하디에게 대단한 축복이었다.

지경대 집회는 사도행전에 기록된 오순절의 역사를 떠올리게 한다. 가룟 유다를 제외한 열두 제자들은 모두 갈릴리 출신이었다. 갈릴리에서 복음을 전하시고 병자를 고치시고 기적을 행하시는 예수님을 따라다녔다. 갈릴리에 있을 때만 해도, 그런대로 잘 나갔다.

그런데 예루살렘에 들어와서는 제대로 되는 일이 없었다. 예수님이 말씀하셨다. "내가 십자가에 달려 죽을 것이다. 그리고 너희들은 모두 나를 떠날 것이다." 말씀을 듣고 제자들은 큰 소리를 쳤다. "절대로 그렇지 않습니다. 주와 함께 죽을지언정, 주를 부인하지 않겠나이다!"

말은 멋있었지만, 행동이 따르지 않았다. 예수님이 십자가에서 죽으실 때 모두가 도망쳤다. 자기 목숨 하나 건지느라고 신앙이고 의리고 다 집어던졌다. 예루살렘의 기억은 끔찍했다. 예수님은 체포당했고 제자들은 흩어졌다. 예수님은 십자가에 못 박히시고 제자들은 배신했다. 예수님은 죽으시고 제자들은 도망쳤다. 모든 것이 엉망진창이었다.

그런데 부활하신 예수님이 승천하시기 전에 마지막으로 말씀하셨다. "사도와 함께 모이사 그들에게 분부하여 이르시되 예루살렘을 떠나지 말고 내게서 들은 바 아버지께서 약속하신 것을 기다리라"(사도행전 1.4).

실패와 배신으로 얼룩진 자리를 떠나지 말라고 말씀하셨다. 제자들은 예루살렘에 머물러야 했다. 그곳에서 10일 동안 하나님께 기도해야만 했다. 그것이 이 땅을 떠나 하늘로 올라가신 예수님의 마지막 명령이었다. 실패의 자리로 돌아가 기도할 때, 성령이 임했다. 성령 받은 제자들은 비로소 실패를 극복하고 전진할 수 있었다.

누구에게나 지경대가 있고 예루살렘이 있다. 기억하기 싫고 쳐다보기도 싫은 실패의 자리가 있다. 부흥은 그곳으로 돌아가는 것이다. 내 힘으로 안 되었던 바로 그 일이 하나님의 도우심으로 이루어짐을 목격하는 것이다. "이는 힘으로 되지 아니하며 능력으로 되지 아니하고 오직 나의 영으로 되느니라"(스가랴 4.6).

12일간의 새술막 사경회를 끝낸 하디는 1904년 2월말, 집회를 계속 인도하기 위해 서울과 개성으로 향했다. 성령께서 그의 발걸음을 인도하셨다. 그가 이 나라 이 민족을 깊은 잠에서 깨워야 한다는 영적 각성에 대한 소명의식을 느끼기 시작한 것은 그때부터였다.

원산에서 지경대로 가는 5일간, 하디에게 주셨던 여호수아서의 말씀은 그대로 성취되었다. 하디가 가는 곳마다 부흥이 일어났다. 말씀 그대로 하나님은 그가 발로 밟는 땅을 모두 그의 기업으로 주셨다.

개성과 서울에서 열린 하디의 부흥회를 통해서도 수많은 사람들이 영적 각성을 경험했다. 성령으로 거듭나는 역사가 곳곳에서 나타났다. 원산에서 발흥한 성령의 불이 강원도 지경대를 거쳐 개성으로, 개성에서 다시 서울로 확산되었다. 남감리교가 선교 거점으로 삼고 있는 원산, 개성, 서울, 세 곳 모두에서 성령의 불길이 타오르기 시작한 것이다.

하디의 가장 사랑하는 친구로, 일거수일투족을 옆에서 지켜본 게일은 그의 놀라운 변화에 대해서 이렇게 말했다. "이 놀라운 물질주의 시대에 때때로 면전에서 하나님을 만나 그분과 이야기를 나누기 위해 부름 받고, 그런 후 돌아와서 우리에게 가장 차원 높고 순수한 아버지의 현존의 기쁨을 말해 주는 사람이 우리 가운데 있다는 사실은 우리가 감사해야 할 이유이다."

윤성근(尹聖根, 1870-1904)은 남감리회 개척 선교사 리드가 훈련시킨 첫 교인들 중 한 사람이었다. 영혼구원의 열정으로 불타 있던 그는 1898년부터 경기도 일대를 순회하며 전도했다. 신약을 거의 외우다시피 할 만큼 성경에 대한 사랑이 남달랐다.

1901년 원산의 전도사로 임명되었는데, 원산에서 "죄가 무엇인지 바르게 아는 유일한 자"였으며, 1901년 "죄를 공개적으로 고백한 최초의 한국인"이었다.[8] 1904년에는 강원도 지역을 담당하는 전도사로 활동했다. 하디로부터 시작된 부흥의 불길에 휩싸여 윤성근은 몇 차례 죄를 고백했다.

경건하고 열정적이었던 그가 지은 죄라고는 도무지 생각할 수 없는 내용이었다. 7달러를 빼돌렸다고 고백하고 성서공회에 돌려주었다. 그는 죽기 얼마 전 특별한 기도를 올렸다. 과거에 지은 모든 죄가 기억나서 회개할 수 있는 기회를 달라고 하나님께 간구했다.

하나님이 기도에 응답하셨다. 약 20년 전 인천의 주전소(鑄錢所)에서 일할 때 봉급을 4달러 더 받은 일이 생각났다. 그는 돈을 마련한 후, 서울에 올라가서 탁지부(度支部)에 돌려주었다. 봉급을 돌려주는 일을 처음 겪은 담당 관리는 희한한 일이라며 영수증을 써 주었다. 한국 정부에 돌려준 최초의 양심전(良心錢)이었다.

윤성근의 행동은 부흥운동의 모범이 되었다. 회개운동은 "양심전 운동"과 함께 전개되었다. 회개한 교인은 횡령하거나 훔친 돈을 돌려주는 되갚기 운동을 펼쳤다. 돌려줄 대상이 없어 갚을 수 없을 경우에는 교회에 헌금했다. 교인 가운데 돌려받은 자도 용서의 표시로 그 돈을 교회에 헌금했다. 돌려주거나 받은 돈을 헌금할 때 봉투에 "양심전"이라고 썼다. 양심전은 구체적인 회개와 용서의 열매였다.

윤성근은 1904년 초 강원도 김화에서 전도하다가 폐결핵으로 사망했다. 몸을 아끼지 않고 산간지방을 돌며 전도에 헌신한 결과였다. 부흥운동의 제단에 바친 첫 희생이었다. 하디 선교사는 이렇게 말했다.

"그는 교회를 사랑했다. 교회 부흥에 온 정성을 기울였다… 실로 성령으로 충만한 삶을 살았다. 말년에는 너무 과로하여 극도로 몸이 쇠약했음에도 기쁨과 행복에 넘친 모습을 보여 주었다. 죽음 앞에서도 두려워하지 않았다. 그를 통해 주님께서는 아무리 추악한 죄인이라도 교회로 부르시고 능력으로 채워 주시고 새사람으로 만드신다는 실례를 보여 주셨다."9)

러일전쟁과 부흥운동, 그리고 이승만

　성령의 불길이 타오르던 1904년 2월 9일, 땅에서도 사나운 불길이 치솟았다. 제물포항에서 러시아와 일본의 함선들이 대포를 쏘며 불을 뿜었다. 러일전쟁은 한국인들과 한반도 전역에 지울 수 없는 상처를 남겨 놓았다.

　정치, 경제, 사회, 종교 전반에 걸쳐 총체적인 혼란과 무질서의 상태에 빠져들었다. 식량과 연료를 비롯한 생필품 가격의 폭등, 재정긴축, 점증하는 공직자의 부정은 백성을 더욱 동요하게 만들었다. 극도의 사회적 불안을 피해 적지 않은 사람들이 하와이의 사탕수수 재배 농장으로 이주하기도 했다.

　전쟁과 동학도들의 위협으로 한국교회는 적지 않은 손실을 입었다. 전쟁의 피해가 컸던 원산 선교부의 경우, 러일전쟁이 한창이던 1904년부터 1905년까지 사역을 할 수 없어 선교부를 폐쇄해야만 했다. 조선인들은 일본과 러시아 양측으로부터 많은 고난을 당했다.

이승만(李承晚)은 러일전쟁을 다음과 같이 묘사했다. "산속에 한 부자 마을이 있었는데, 러시아인들은 백주대로 상에 군기를 들고 북을 치며 나팔을 불고 10리 5리에 큰 함성을 지르며 동네에 들어가는 대로 살인하고 방화를 일삼았다. 노인들은 잔인하게 해를 당하고 부녀자들은 겁박당하니, 온갖 재산과 기름 진 밭 넓은 집이 모두 그들에게 점령당하였고 그 잔혹 무도함이 세상에 다 알려지게 되었다.

그러나 일본인들은 처음에는 떠돌며 동냥하는 모습이었으나 친구의 집을 방문하듯 하여 신뢰를 쌓고 동네 사람들의 마음을 열게 하여 하나 둘씩 틈틈이 들어와 허리를 조아리며 겸손한 태도와 다정한 말로 처음에는 하인들이 거주하는 행랑채 구석구석을 찾아 들었다. 그리고는 차차 주인과도 사귀어 건넛방 안방에까지 들어가 오장육부를 다 내줄 듯이 기회를 엿보다가 일시에 일어나 주인과 하인을 단숨에 결박했다.

그들은 어떤 이들은 천 길 낭떠러지에 몰아넣기도 하고, 또 어떤 이들은 아무 소리도 못하고 가만히 엎드려 자살하게 만들어 모든 재산을 다 자신들의 것으로 만드니 세상 사람들은 왜 그 지경이 되었는지 조차도 알지 못했다."10)

드러나게 괴롭힌 러시아, 교묘하게 빼앗는 일본, 강대국 사이에 낀 조선의 운명은 비참했다. 그러나 전쟁도 성령의 역사를 막지는 못했다. 부흥의 주역으로 쓰임 받은 하디는 말했다. "1904~1905년, 러일전쟁이 맹위를 떨치고 있을 바로 이때 원산 부흥운동이 정점에 달했던 것이다." 정치적 혼란과 대부흥, 전혀 어울릴 것 같지 않은 둘이 시대를 대변하는 가장 중요한 특징이 되었다. 참으로 놀라운 역설이었다.

그러나 그것이 하나님의 방식이었다. 전혀 예측할 수 없게 전개되는 시대적 상황이 백성들의 마음을 가난할 대로 가난하게 만들어, 그들의 심령이 복음의 씨를 뿌리기에 적합한 옥토가 되게 하셨다. 본래 종교성이 강했던 한국인들의 심령이 고난의 시대를 통과하면서 더욱 더 옥토로 변한 것이다. 게일이 말한 것처럼, "이미 그들은 준비가 되어 있었다."11)

1903년 8월 하디에게서 촉발된 원산대부흥은 1904년 하디를 통해 개성과 서울과 평양으로 확대되었다.

1905년에는 남감리교 선교회의 교회들을 통해 폭넓게 확대되기 시작했다. 하디 중심으로 전개되던 부흥운동이 선교사들과 한국교회와 교인들이 동참하는 각성운동으로 발전한 것이다.

전 교회는 간절히 부흥이 임하기를 기대했고, 실제로 많은 지역에서 부흥이 일어났다. 저다인은 부흥의 역사를 가리켜 "민족 각성운동"(the national awakening)이라고 불렀다. 그는 말했다. "부흥운동에 대해 그렇게 많이 이야기되고 많이 글이 쓰인 때가 결코 전에는 없었다. 종교 매체뿐만 아니라 세상 매체에서마저 부흥운동은 이제 일반적인 주제가 되었다."

여기에서 또 한 번 성령의 변화시키는 사역을 목격한다. 윤치호의 눈에 그토록 거만해보였던 저다인이 부흥운동의 지도자로 쓰임 받는 장면이다. 하디나 저다인이나, 처음에는 백인 우월의식으로 한국인을 무시했지만, 성령을 체험하고 한국인 앞에서 인종주의, 제국주의를 회개했을 때, 하나님의 도구로 놀랍게 쓰임 받았다.

하디와 게일, 저다인의 지적처럼 러일전쟁 기간에

민족 각성운동이 일어났다. 동시에 다른 한편으로 사태의 심각성을 깨닫지 못하는 신자들도 많았다. 러일전쟁은 "누가 먹느냐"의 싸움이었다. 러시아가 이겼으면 조선은 러시아에게 멸망했을 것이다. 일본이 이겼기에 우리는 일본의 식민지가 되어야 했다. 어느 쪽이 이기든 나라가 망할 수밖에 없는 상황에서, 한성감옥의 이승만은 다급했다. 절체절명의 위기에서 그가 찾아낸 희망은 기독교였다.

1904년 8월 〈신학월보〉에, 감옥에서 쓴 이승만의 명논설 "대한 교우들의 힘쓸 일"이 실렸다. 그는 먼저 전쟁의 위급함을 알리고 무사안일한 신자들을 깨우친다.

"대한 예수교우들께 감히 한마디 질문하고자 하노니, 지금 우리 대한이 무슨 처지에 있느뇨, 전쟁 마당에 있지 아니하뇨. 타국 군사들이 내 나라 지경에서 대전을 시작하여 승부를 결단하니 우리는 당장 무사한 것만 편히 여겨 영원히 태평할 줄로 여기느뇨, 우리는 가만히 앉았으면 저 타국이 다 우리를 좋게만 도와줄 줄로 믿고 앉았을까."

그는 세상이 어떻게 돌아가든 상관없이, 영적이고 종교적인 면에만 몰두하는 신앙을 비판한다. "충군애국(忠君愛國, 임금에게 충성하고 나라를 사랑함)이 무엇인지 세상을 건지는 것이 무엇인지도 모르고 다만 제 몸 하나와 제 영혼 하나의 구원 얻는 것만 제일이라 할진대, 이는 결단코 하나의 참 이치와 예수의 근본 뜻을 알지 못한다 이를지라."

나라가 망하는데, 희망이 되어야할 교회가 각성하지 못하고 있는 현실에 이승만은 탄식한다. "슬프다 우리 나라의 실낱같은 혈맥은 다만 예수교회에 달렸거늘, 우리 교우들은 이것을 아는지 모르는지 혹 알고도 아직 힘이 자라지 못하여 그러한지..."

하지만 그래도 조선의 희망은 교회뿐이다. 민족을 살릴 길은 기독교뿐이다. 이승만은 교회가 깨어나고 교우들이 각성해야 한다고 부르짖는다. 나라를 살릴 수 있는 길은 "교화"뿐이다. 이승만이 말하는 교화는 "기독교화"로 이해할 수 있다.

"바라건대 우리 교우들은 지뢰포를 밟고 적진에 들어가는 저 군사들을 본받아 일심으로 나아가 적군을 하나씩이라도 항복 받기로 힘쓸지라.

우리의 적군은 다른 사람이 아니라 다만 진리를 알지 못하고 방해하려하는 자며, 우리 군기는 다른 것이 아니라 성경 한 가지뿐이니, 성경의 이치를 전국에 전파하여 사람마다 지금 무슨 처지에 있으며 어찌하면 우리가 동포와 나라를 일체로 구제할 것이며, 동포와 나라를 구제하려하면 정치 법률에 있지 아니하고 교화로써 사람의 마음을 풀어놓음에 있는 줄로 깨닫게 하여, 하나라도 돌아와 우리와 함께 일꾼이 될진대 얼마만에 전국이 모두 충군애국하며 자주독립하는 동포가 될지니, 무슨 걱정이 있으며 무엇이 부족하리오.

어서 바삐 일들 하여 전국 사람이 하나도 모르는 자 없도록 힘쓰고 나갑시다.”[12]

이승만의 글은 지금 읽어도 유효하다. 러일 전쟁의 포성이 멎은 지 110여년이 지났지만, 한반도의 상황은 여전히 위태롭다. “전쟁할 수 있는 나라”로 재기(再起)하며 독도를 노리는 일본, 수천 년 간 조공을 바쳐왔던 우리를 여전히 속국 취급하는 중국, 제국의 부활을 꿈꾸는 러시아는 여전히 위협적이다.

북한은 핵을 개발하고 종북(從北) 세력을 양성하여 대한민국에 비수를 들이댄다. 이처럼 심각한 상황인데도, 무감각한 신자들이 많다. 그저 예배드리고 은혜 받아 마음 편하면 되지, 나라가 어떻게 되는 지에는 별 관심이 없다.

동시에 하디와 게일의 지적 역시 지금도 유효하다. 러일전쟁이 복음의 기회가 된 것처럼, 현재의 국가적 위기 역시 교회를 깨우는 나팔수가 되고 있다. 많은 성도들이 나라를 위해서 기도한다. 태극기를 들고 거리에 나서기도 한다. 점잖고 세련되게만 믿던 분들이 동성애, 이슬람, 신천지, 종북과 싸우면서 투사로 변신하기도 한다.

멸망하는 조선이었지만, 이승만 같은 선각(先覺)이 있었다. 하디를 통해서 불길처럼 번져간 부흥운동이 있었다. 그래서 다시 일어날 수 있었다. 우리가 부흥을 목마르게 사모해야하는 이유가 여기에 있다. 무너져가는 대한민국, 살 길은 하나님이 주시는 부흥에 있다. 부흥으로 각성한 신자들이 이승만과 같은 애국(愛國)으로 무장되어야 한다.

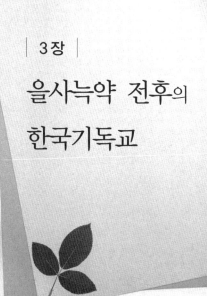

| 3장 |

을사늑약 전후의

한국기독교

▲ 상동교회　　　　　▲ 전덕기 목사

이승만의 전도를 받은 한성감옥 출신의 애국자들이
출옥하여 상동교회를 중심으로 구국 투쟁을 펼쳤다.

▲ 이화학당의 수업 시간

을사늑약 전후, 학생들은 시간을 정해놓고 나라를
위해서 기도했다.

국가적 위기와
복음의 기회

　사전에 나오는 조약(條約)의 정의는 "국제법 주체 간에 국제법률 관계를 설정하기 위한 명시적(문서에 의한) 합의", 혹은 "국가 간의 권리와 의무를 국가 간의 합의에 따라 법적 구속을 받도록 규정하는 행위"이다. 조약과 비교되는 단어가 늑약(勒約)으로 "억지로 맺은 조약"이다.

　1905년 11월 17일 일본과 대한제국 사이에서 일어난 외교적 사건은 조약이 아니라 늑약이다. 일본군이 총칼로 위협하는 가운데 강제로 조선의 외교권을 박탈했기 때문이다. 늑약은 사실상 우리의 멸망을 결정했다. 이후의 대한제국은 사람에 비유하면, 식물인간과 같았다.

　민족적인 위기 속에서도 부흥의 불길은 더욱 거세게

타올랐다. 민족복음화만이 한국을 살릴 수 있는 유일한 길이라는 확신이 신자들에게 깊숙이 자리 잡았다. 1905년 2월 〈The Korea Methodist〉에는 만 7세가 된 사내아이의 작품이라고는 도저히 믿어지지 않는, 민족 구령의 열정으로 불타는 시가 게재되었다.

영생의 의미는 영원히 사는 것
지금 영생을 얻기 위해 우리가 해야 할 것은?
만약 우리가 예수를 믿고 순종하고 그의 말씀을 전하면
우리는 하늘나라에 갈 수 있어요.
이 민족 모두에게 자비, 자비를 베풀어주세요!
이 민족을 깊은 잠에서 깨우기 위해
우리 모두 서두르고
일어나고
일으켜야 해요!
세상 모든 사람들이 영생을 소유할 수 있도록
우리 모두 최대한의 간절한 열망으로
민족에게 예수를 전하고
그들을 그리스도에게로 인도해야 해요.
우리 민족 모두가 우리처럼
이 축복을 누리기를 나는야 소망해요.

망국(亡國)의 역사는, 장하면서 안타깝고 슬프다. 일곱 살짜리의 장한 애국, 동시에 한창 뛰어놀 아이들까지 걱정하게 만드는 안타까운 나라, 너무 늦어버린 슬픔으로 복합적이다. 결국 을사늑약은 맺어졌고 조선의 멸망은 시간만 남은 사건이 되었다.

1906년 2월 이토 히로부미는 예정대로 총독이 되어 전권을 장악했다. 한국을 광범위하게 여행했던 미국 남감리교 감독 캔들러(Warren A. Candler)는 〈애틀랜타 저널(Atlanta Journal)〉에 기고한 글에서 이렇게 말했다.

"지금까지 한국을 통치하던 대한제국의 황제는 이제 왕궁에서 하나의 봉급쟁이 로봇(a salaries automation)으로 전락하고, 대신 이토 히로부미가 실질적인 통치자가 되었다. 황제는 어느 점으로 보아도 왕좌에 앉은 죄수에 불과하다. 한 세기에 걸친 일본의 야망이 채워졌으며, 한국의 오랜 독립의 소망은 실패로 돌아가고 말았다."

그러나 한국을 사랑했던 선교사들은 절망 속에서도 희망을 발견했다. 그들은 어둠에서 빛을 창조하시는 하나님의 섭리를 믿었다. 인간의 곤경은 하나님의 기회가 될 수 있었다. 웰스(J. Hunter Wells)의 말이다. "지금은 사실 이 나라의 기독교 사역자들에게 황금의 기회다. 총체적인 불안과 의지할 무엇인가에 대한 결핍은 백성들을 선교사들과 그들이 가지고 있는 메시지로 돌아서도록 만들어 주고 있으며, 그들은 마치 우리가 그들이 신뢰할 수 있는 무엇인가를 가지고 있는 것처럼 찾아내려고 노력하고 있다.

나의 마지막 시골 방문에서 나는 자주 "어찌할꼬, 도무지 없소"라는 표현을 들었다. 결국 이것은 이 백성들이 하나님을 생각하도록 가르치시고 그들을 구원할 수 있는 이를 신뢰하도록 하시려는 하나님의 방식일지 모른다."

선교사들의 예측은 개인적인 소망만은 아니었다. 실제로 한국의 곳곳에서 신앙의 열정이 타올랐다. 희망의 별이 기독교회들과 기독교 학교의 형태로 떠오르고 있었다.13) 을사늑약 직전인 1905년 11월 10일 전덕기(全德基)를 중심으로 한 상동교회 청년회가 구국 기도회를 열었다. 무려 1,000여명의 회원들이 모여 통곡하며 기도했다.

늑약이 체결되기 전날인 1905년 11월 16일자 〈대한 매일신보〉에는 나라를 위해 기도하자는 호소가 실렸다. "주를 믿는 우리는 구약 때에 선지자 예레미야와 이사야와 다니엘의 기도로 이스라엘과 유태국이 구원 얻은 것같이 대한도 구원 얻기를 하나님 앞에 기도하옵세다. 기도 시간은 매일 신시(오후 2시- 4시)요.

기도문이 다음과 같으니, '만왕의 왕이신 하나님이 시여, 우리 한국이 죄악으로 침륜에 들었으매 오직 하나님밖에 빌 데 없사와 우리가 일시에 기도하오니 한국을 불쌍히 여기사 예레미야와 이사야와 다니엘이 자기 나라를 위하여 간구함을 들으심같이 한국을 구원하사 전국 인민으로 자기 죄를 회개하고 다 천국 백성이 되어 나라가 하나님의 영원한 보호를 받아 지구상에 독립국이 확실케 하여 주심을 예수의 이름으로 비옵나이다.'"

이화학당의 여학생들도 기도의 행렬에 동참했다. 정기적으로 시간을 정해놓고 매일 기도했다. 페인(J. O. Paine) 선교사는 그들에게 무엇을 위해 기도하는지 물어 보았다. 여학생들이 대답했다. "우리는 우리나라를 위해 기도하고 있습니다."

감동을 받은 페인은 예언적인 언급을 남겼다. "하나님이 기도를 들으시고 응답하신다는 것을 아는 우리는 이 민족이 겸손히 그분 앞에 자신들의 마음을 겸허하게 낮추면 그분이 민족의 외침을 들으실 것이라는 사실을 믿지 않을 수 없었다."[14]

1905년은 을사늑약의 해이면서 동시에 부흥의 해였다. 원산대부흥의 주역 저다인은 이렇게 기록했다. "지난 1년(1905년)은 한국의 모든 교회들이 수적으로 대단히 증가했던 한 해였다. 아마도 3만 명의 새 신자들이 지난해 동안에 교회에 영입된 것으로 보인다. 우리 선교회의 교회도 전반적인 번영과 발전을 공유했다. 이것은 전체 지역(district)뿐만 아니라 각 선교부내 선교구(circuit)가 올해에도 상당히 성장할 것임을 보여준다."

한 선교사는 당시 선교 사역의 성공과 결실을 네 문장으로 압축했다. "사역이 진행되었다. 축복이 임했다. 회심자들이 영입되었다. 찬미가 올려졌다."

스왈른(William L. Swallen, 1859-1954, 한국명 소안련)은 황해도에서 사역했다. 그의 아내가 김익두(金益

斗, 1874-1950)와 관련된 일화로 유명하다. 김익두는 황해도 신천의 유명한 깡패였다. 스왈른이 신천읍교회에서 부흥사경회를 인도할 때, 부인이 전도지를 돌렸다. 그런데 김익두는 전도지를 받자마자 보지도 않고 코를 풀었다.

그러자 스왈른 부인이 말했다. "오늘밤 당신 코 썩습니다." 감히 깡패를 협박했으니, 선교사 부인의 대단한 용기이다. 그런데 그날 밤 희한한 일이 일어났다. 김익두가 술에 만취되어 잠자리에 들었는데, 이상하게 잠이 오지 않았다. 깡다구로 버티는 깡패가 왠지 마음이 약해지고 불안했다. 여선교사의 말이 기억났다. 자기도 모르게 자꾸만 코를 만졌다.

다음날 오전에 김익두는 부흥사경회에 참석했다. 하나님의 말씀이 깡패의 영혼을 찔렀다. 그는 회개하여 스왈른의 충실한 동역자가 되었다. 훗날에는 목사가 되고 신유의 은사를 받았다. 전국을 누비며 복음을 전하고 수많은 병자들을 고쳤다.

스왈른은 한국인에게 민족의식을 심어준 선교사로도 유명하다. 을사늑약은 그에게도 충격이었고 슬픔이었다. 비운에 처한 한국을 위해 기도하는 그에게 영감

이 떠올랐다. 지금도 한국교회에서 자주 불리는 아래의 찬양은 을사늑약 이후에 작사된 것이다.[15]

하늘가는 밝은 길이 내 앞에 있으니
슬픈 일을 많이 보고 늘 고생하여도
하늘 영광 밝음이 어둔 그늘 헤치니
예수 공로 의지하여 항상 빛을 보도다

웨일스와
인도에서 전해진 부흥

이반 로버츠(Evan Roberts, 1878-1951)는 광부의 아들로 태어났다. 가난한 가정의 열네 자녀 중 아홉째로 좋은 교육을 받을 수 있는 형편이 아니었다. 어린 나이에 광부가 되어 열한 살부터 스물세 살까지 광산에서 일했다. 로버츠는 영적인 열심에서 특별했다. 십대에 거듭남을 체험한 이후 11년간 규칙적으로 웨일스의 부

흥을 위해 기도했다. 여유롭지 않은 환경에서도 주일
학교 교장으로 봉사하면서 주요 신학 서적을 꼼꼼히
읽고 공부했다.

로버츠는 25세 때인 1904년 9월, 목회자가 되기로
결심했다. 전도인 셋 조슈아의 집회에 참석했을 때 강
렬한 체험을 했다. 로마서 5장 8절의 말씀이 그를 사로
잡았다. "우리가 아직 죄인 되었을 때에 그리스도께서
우리를 위하여 죽으심으로 하나님께서 우리에게 대한
자기의 사랑을 확증하셨느니라."

말씀 앞에서 로버츠가 "오, 주여, 우리를 굴복시켜
주소서"라고 기도하면서 하나님의 뜻에 자신을 굴복시
킬 때 성령의 강력한 역사가 나타났다. 로버츠는 1904
년 10월부터 작은 모임에서 설교를 시작했고, 이것이
웨일스 부흥으로 발전했다. 불과 2개월 내에 3만 2천
명이 예수를 영접하고 5개월 내에 10만 명의 웨일즈
주민들이 회심했다. 부흥의 결과로 술집과 유흥장이
텅텅 비고 형무소에서도 전도운동이 일어났다.

광부였던 로버츠에 의해서 수많은 광부들이 하나님
께 돌아왔다. 한때 광부들을 "막장인생"이라고 불렀다.
그만큼 거칠고 험한 사람들이었다. 웨일스의 광부도

크게 다르지 않았다. 그들은 술을 즐기고 음란했으며 폭력적이었다.

특히 당나귀들이 수난을 많이 당했다. 당시에는 석탄을 실은 수레를 나귀들이 끌었기 때문이다. 위험하고 고된 노동에 시달리던 광부들은 당나귀에게 화풀이를 했다. 때리고 차고 괴롭혔다. 그런데 성령 받은 광부들이 회개하면서, 당나귀에게 사과하는 진풍경이 벌어졌다. 눈물을 흘리면서 당나귀를 끌어안고 "미안하다, 형제여"하고 울부짖었다. 부흥이 일어나면 이렇게 좋다. 사람만 좋을 뿐 아니라 동물까지도 좋다.

웨일스의 부흥은 세계로 확산되었다. 당시 인도는 영국의 식민지였다. 영국의 동향은 곧바로 인도에 전해졌다. 1905년 3월 인도의 미조람 카시아 고원(Khassia Hills)에 사는 천민 부족 미조(Mizo)족에게도 부흥이 일어났다. 공개적으로 죄를 자복하고 통성으로 기도하면서 힌두교에서 기독교로 집단 개종했다. 기독교는 신앙의 정체성인 동시에 민족의 정체성이 되었다. 미조족은 주변 부족과 구별되는 독자적인 기독교 민족으로서의 정체성을 형성해갔다. 바로 이 점에서 인도의 부흥은 한국과 유사하다. 미조족이 부흥으로 기독교 민족의 정체성을 갖게 된 것처럼, 대부흥 이후 한국에는 기독교 한국의 꿈이 타올랐다.

카시아 부흥은 북인도 지방으로 확산되었다. 부흥의 횃불을 받은 인물은 라마바이였다. 그녀는 정통 힌두교 가정에서 자랐으나 기독교로 개종하여 1883년에 세례를 받았다. 1889년 묵티 선교회(Mukti Mission)를 조직하고 불우한 여성들을 돕는 사회사업가, 여성교육가, 여성해방가로 활약했다. 언어에도 능통해서 마라티어로 성경을 번역했다.

라마바이는 웨일스와 카시아 부흥의 소식을 듣고 여성 기도대를 조직했다. 수백 명이 매일 기도한 결과, 1905년 6월 부흥의 소나기가 묵티 선교회에 쏟아졌다. 몇 달 안에 400명 가까운 여성이 성령을 받았다. 1907년 2월에 일어난 두 번째 부흥 기간 동안 이미 중생(重生)한 이들에게 방언의 은사가 주어졌다. 많은 신자들이 '불세례'를 받고 능력 있는 증인이 되었다.

웨일스 부흥의 소식이 1년 만에 인도로 전해진 것은, 당시 영국과 인도의 관계를 고려해보면 자연스러운 현상으로 볼 수 있다. 하지만 영국과 인도의 소식이 멀리 떨어진 한국에 불과 1년 만에 생생하게 전해졌다는 점은 특이하다고 할 수 있다. 그것도 단순한 정보가 아니라 현장을 답사하여 부흥의 주역들을 만나고 온 인물로부터 소상하게 전해 들었다는 점은, 우연이 아니라고 느껴진다.16)

평양 거주 선교사들은 1906년 8월 26일부터 9월 2일까지 "자신들의 삶에서 하나님의 능력을 더 깊이 체험하고 싶은 감동이 일어나" 8일간의 성경공부와 기도모임을 열었다. 강사는 원산대부흥의 불꽃으로 타올랐던 하디였다.

하디의 사경회를 마친 그들은 9월 2일부터 9일까지 열리는 서울 지역 사경회와 북장로교 선교회 연례모임에 참석하기 위해 서울로 향했다. 원산대부흥의 소식을 들은 평양 선교사들에게, 또 다른 부흥의 소식이 기다리고 있었다.

1906년 9월 서울에서 열린 선교사 사경회의 강사는 뉴욕 해외선교부 위원이자 유명한 부흥사였던 존스톤(Howard Agnes Johnston)이었다. 그는 웨일스와 인도의 부흥 현장을 찾아가서 주역들을 직접 만났다. 부흥의 비결을 탐구하기도 했다. 존스톤은 인도, 일본, 중국 등 아시아 선교 지역을 탐방하는 길에 한국에 입국했다. 존스톤은 웨일스와 인도에서 일어난 부흥운동 소식을 상세하게 전했다. 그는 부흥이 수많은 사람들이 일련의 비상한 영적경험을 한 "매우 강력한 성령의 임재"였다고 소개했다.

웨일스 부흥의 특징이 전 교우들이 "동시에 합심해서 드린 통성기도"(praying aloud simultaneously)에 있었다고 설명했다. 오늘날 한국교회의 자랑이 된 통성기도를 소개한 역사적인 순간이었다.

존스톤의 영향은 강력했다. 부흥을 사모하던 선교사들은 더 큰 은혜를 간구했다. 그들은 "공평하신 하나님"께 간구했다. 웨일스와 인도에 부흥을 주신 하나님이 한국에도 동일한 축복을 주시기를 기도했다. 한국 장로교 선교회가 본국 선교부에 보낸 편지는 당시의 영적 분위기를 보여준다.

"선교사들에게 행한 존스톤의 강의는 성령께서 듣는 자들의 심령과 삶을 감동해, 그들에게 점점 더 놀라운 사랑과 간절한 기도열을 고취시켜 주었다. 한국인들에게 행한 그의 강의는 매우 유익했고, 그의 방문은 오래 기억될 것이다."

하디에게서 원산대부흥을, 존스톤에게서 영국과 인도의 부흥을 배운 선교사들은 간절하게 부흥을 갈망했다. 20여 명의 선교사들이 평양에서도 놀라운 성령의 축복이 임할 것을 믿고 정오 기도회를 가졌다. 존스톤도 서울 사경회를 마친 후 평양을 방문하여 장대현교회에서 설교했다.

그는 영국 웨일스에서 일어난 성령의 역사가 인도교회에 번져 부흥이 크게 일어났음을 전하면서 청중들에게 도전했다. "조선에서는 누가 웨일스 부흥운동의 주역인 로버츠처럼 성령의 은혜를 충만하게 받겠습니까! 있으면 손을 들고 일어서십시오."

잠잠하던 회중 가운데 한 사람이 손을 번쩍 들고 일어났다. 평신도 설교자로 맹활약하고 있던 길선주(吉善宙) 장로였다. 존스톤은 장차 큰 부흥이 일어나리라고 예언하고 교회와 길선주를 위해 기도했다.

존스톤이 한국에 머무른 기간은 짧다. 서울과 평양에서 집회를 인도한 기간이 전부이다. 하지만 그가 끼친 영향은 강렬했다. 부흥에 대한 사모함을 일으켰고,

부흥의 특징이 된 통성기도를 전했으며, 부흥의 주역 길선주를 축복했다. 그는 평양대부흥을 위하여 하나님께서 미리 준비하신 선지자였다.

영계(靈溪) 길선주(吉善宙)

한국 교회가 낳은 걸출한 설교자이자 부흥사였던 영계(靈溪) 길선주는 1869년 3월 15일 평안남도 안주에서 태어났다. 그의 아버지는 기생을 첩으로 두고 있었다. 자연히 어머니의 일생은 고통의 연속이었다. 길선주는 일생 동안 어머니의 아픔을 잊을 수 없었다. 아버지의 일생을 보면서 인간의 삶이란 허울뿐이고 실(實)이 없다고 생각했다.[17] 청소년 시절부터 길선주는 염세주의적인 경향을 깊이 지니고 있었다.

나라는 혼란스러웠고 그의 고향 역시 어지러웠다. 향리끼리 파를 나누어 싸웠고, 그들을 등에 업은 악당들이 횡포를 부렸다. 길선주에게도 고난이 닥쳤다. 그의 형을 시기하던 부랑배 윤학영 삼형제가 한밤중에 집을 급습했다. 깡패들은 집안에 있는 기물을 다 부수고 아무 잘못도 없는 길선주를 구타해서 거의 죽을 지경까지 만들었다. 구타당한 후유증으로 오랫동안 고생하면서, 길선주의 염세주의는 더욱 짙어졌다.

젊은 시절에 잠시 지방 관청의 말단 서기로 관직을 시작했다. 하지만 청렴결백한 그는 부정부패가 만연한 관청에 크게 실망했다. 상업에 뛰어들었지만, 물건을 가져가고 돈을 갚지 않는 친척 때문에 장사는 망했다. 계속되는 이 세상에서의 절망으로 길선주는 다른 세상을 갈망하게 되었다. 헛되고 부질없는 세상이 아닌, 신비하고 진정한 세계가 어딘가에 있을 거라는 소망을 품었다.

그는 점차 도교(道敎)에 빠져들었다. 깊은 도를 연마하기 위해 한적한 산속에서 수도에 전념했다. 진리를 찾기 위해 40주야를 명상과 수도로 보냈다. 잠을 자지 않고 수도에 전념하기도 했다. 심신이 피로하고 잠이 올 때에는, 불을 붙여 손가락 끝을 지지면서 정신을 집중했다. 그것은 단순한 수도가 아니라 고행(苦行)이었다.

젊은 시절, 그를 사로잡았던 종교적인 열정은 한쪽 눈을 제물로 바치게 했다. 밤을 새워 수도하던 중, 잠을 물리치기 위해 약수터에서 얼음물을 길어다 눈에 부었다. 이렇게 하기를 여러 날, 급기야는 각막이 파괴되고 말았다. 길선주는 책을 읽을 수 없었고, 심지어 가까이 있는 사람의 모습도 식별할 수 없게 되었다.

그래도 길선주는 포기하지 않았다. 산속에 들어가서 여러 해 동안 도교의 고수에게 배운 주문을 수십만 번 송독했다. 해마다 서너 번씩 깊고 외진 산사에 들어가서 옥경을 연구하고 주문을 외웠다. 또한 21일이나 49일이나 100일 정성을 드렸다. 오직 신통력을 얻기 위해 밤낮없이 공부와 기도에 정진했다.

오랜 고행 끝에 드디어, 새로운 세상이 열렸다. 도를 닦던 중에 옥피리 소리를 들었다. 가끔 총소리처럼 폭발하는 신비한 소리도 들려왔다. 마침내 영험을 얻은 것이다. 신통한 경지에 다다른 길선주의 몸은 가벼워졌고 신비한 힘이 솟아났다. 뛰어난 힘, 차력(借力)을 얻은 것이다. 통나무 목침을 주먹으로 부수고, 다듬이 방망이를 손으로 끊고, 웬만한 냇물은 단번에 건너뛰었다. 사람들이 '호랑이'라고 부를 만큼 대단한 차력을 소유했다.

길선주는 도교에 몰두하는 동안 한의학 연구에도 몰입했다. 마침내 한약방을 열어 평생의 직업으로 삼을 수 있게 되었다. 평양으로 거처를 옮긴 길선주는 그곳에 한약방을 열었다. 도에 통달하고 차력에 성공한 길선주의 명성이 평양에 퍼지기 시작했다. 길선주가 평양에 나타나면 "길 장수", "길 도인"이 왔다고 하면서 많은 사람들이 따랐다.

전국에서 선도(仙道)를 배우고 차력을 연마하기 위해 찾아오는 이들의 발걸음이 끊이지 않았다. 유불선(儒佛仙)을 막론하고 수양하는 선비들과 나라를 걱정하는 뜻있는 사람들이 찾아왔다. 길선주는 그들과 교제하기를 즐겼다. 대화를 나누면서 진리를 탐구하고 시대의 계시를 찾았다.

특이하게도, 길선주는 성교육 전문가이기도 했다. 도통한 그는 상담을 통해서 많은 가정의 고민을 해결해주었다. 젊은이들에게는 '영웅 낳는 법'이라고 하여 성교육을 민족 개량의 중요한 방법으로 소개했다. 길선주는 성에 대한 지식이 없는 우매한 사람에게서는 우수한 자손이 태어날 수 없으며, 그러한 집단이 우수한 사회를 형성할 수 없다고 강조했다.

시대는 난세(亂世)였다. 동학혁명과 청일전쟁이 잇달아 일어났다. 북부 제일의 도시 평양은 전쟁터가 되었다. 수많은 시민들이 피난을 떠났다. 길선주도 성천군 영대산으로 피신하여 수도에 전념했다.

1896년 평양으로 돌아왔을 때, 사람도 세상도 바뀌어 있었다. 무엇보다 미신이 성행했다. 귀신을 섬기다 못해 굴뚝, 서까래, 대들보, 만장, 부엌, 곡간, 광 안, 그릇, 옷, 안방, 사랑방, 화장실, 대문 할 것 없이 부적이 나붙었다. 온 세상이 부적으로 뒤덮였다고 해도 과언이 아니었다.

나라가 보호하지 못하고 사회가 품어주지 못해서 강대국들의 전쟁터 한복판에 버려진 백성들은 헛것이라도 붙잡아야 했다. 평양 사람들은 귀신에 사로잡혀 정신적인 노예 생활을 하고 있었다. 도살장에 들어선 소와 마찬가지로 공포에 질린 사람들의 세상이었다.[18]

길선주는 깊은 회의에 빠졌다. 그가 섭렵했던 종교적인 체험도 세상을 구제할 수는 없었다. 그 무렵, 함께

도를 닦던 친구 김종섭(金鍾燮)이 찾아왔다. 그가 기독교를 권했다. 길선주는 거절했지만, 김종섭은 포기하지 않았다.

매일같이 〈그리스도 신문〉을 가지고 찾아와서 눈이 나쁜 길선주를 위해서 읽어주었다. 다양한 기독교 서적을 소개하기도 했다. 길선주는 기독교인이 될 생각은 없었지만, 워낙 종교에 관심이 많았던 인물이라 차츰 관심을 갖게 되었다.

어느 날 김종섭이 〈천로역정〉을 주면서, 읽기 전에 꼭 하나님께 기도하라고 말했다. 길선주가 자신은 천(天), 지(地), 인(人) 삼령신군을 믿는다고 하자, 김종섭이 대답했다. "선생이 섬기는 삼령신군께 예수교의 도리가 참 도리인지 거짓 도리인지를 알게 해달라고 기도하십시오."

길선주는 그러겠다고 약속하고 며칠 동안 기도했다. 문득 마음에 의심이 들었다. '아래에는 만경창파가 있고 위에는 층암절벽이 솟았는데, 저 편에 한 줄이 드리워 있고 이 편에 다른 한 줄이 드리워 있다. 내가 이 편 줄을 잡고 올라가다가 그 줄을 자세히 보니 썩은

줄이었다. 잡았던 이 편 줄을 놓고 저 편을 잡으려 하니 그 줄도 역시 튼튼한 줄인지 알 수가 없다...'

어느 순간, 자신이 믿던 도는 썩은 줄과 같다는 생각이 들었다. 의심은 걷잡을 수 없이 커져갔다. 길선주는 〈천로역정〉을 아내에게 읽어 달라고 부탁했다. 아내가 읽어 주는 내용을 들으면서 말씀이 영혼 안에 깊이 침투하는 것을 느꼈다.

여러 주 동안 길선주는 마치 지옥에 사는 것처럼 괴로워했다. 〈천로역정〉의 내용이 옳다면, 오랫동안 고행을 하고 시력을 잃어가며 추구한 자신의 모든 노력이 완전히 헛되다고 결론을 내렸다. 그는 아내에게 그 책을 몇 번이고 다시 읽어 달라고 부탁했다. 자신이 무거운 죄의 짐을 짊어지고 절망 가운데 허덕이고 있었다는 것을 발견했다.

어느새 그는 기도하고 있었다. "예수가 참 인류의 구주인지 알려 주옵소서" 구도자의 기도는 응답되었다. 마침내 길선주의 마음이 열리고 입술에서 고백이 터져 나왔다. "하나님, 아버지, 저는 죄인입니다." 눈물이 그칠 줄 모르고 쏟아졌다. 몸은 불덩어리처럼 펄펄 끓었다. 길선주는 오랜 시간 멈추지 않고 기도했다.

마침내 두려움이 사라지고 기쁨이 고였다. 어린 시절부터 뿌리 깊게 남아있었고, 도교의 차력사로 명성을 떨치면서도 영혼 한구석에 자리 잡고 있던 염세증(厭世症)을 극복할 수 있었다. 길선주는 그리스도인이 되었다.

회심한 길선주는 김종섭을 따라 널다리골 교회에 출석하면서 마펫 선교사의 가르침을 받았다. 종교심이 강했고 오랜 수도로 단련되었던 길선주는 기독교에도 열심이었다. 그는 성경에 깊이 빠져 들었다. 깊은 밤과 이른 새벽에 기도에 몰두했다. 구령의 열정이 솟구쳐 많은 사람들을 전도했다. 길선주는 평양의 대표적인 기독교 지도자로 성장했다.

길선주에게 설교할 수 있는 기회가 자주 주어졌다. 그때마다 기독교 신앙과 함께 민족의식과 문화를 강조했다. "지금 우리는 외국문화와 우리 문화와의 갈등을 겪고 있다. 이는 후진 민족이 당하는 가장 무서운 싸움의 시작이다. 총칼의 승리는 외적인 모든 것을 약탈하고 그 민족을 포로가 되게 하지만 문화 싸움의 패배는 민족의 멸망을 의미한다.

이스라엘은 총칼에 망했다. 그 민족은 나라를 잃고 세계로 흩어졌다. 그러나 자기 문화를 고수한 민족은 수천 년이 지난 오늘에 와서도 생존했다. 그것은 민족의 뿌리인 민족철학이 살아 있기 때문에 가능한 일이다. 그 철학은 하루아침에 세워진 것이 아니라 수천 년의 세월이 필요했다...

오늘 민족문화와 외국문화와의 갈등을 극복하지 못한다면 장차 우리는 문화를 상실할 것이다. 특히 교회가 커지고 있는 이때에 교회가 우리의 문화를 망각하고 우리의 예술을 도외시한다면, 머지않아 교회가 세상과 구별할 수 없는 집단으로 전락하게 될지도 모른다.

외국문화와 우리 문화의 교차로가 된 시점에, 교회가 외국문화의 산실이 되어서는 안 된다. 우리 문화 위에 기독교가 꽃을 피울 때, 비로소 기독교가 우리 민족의 종교가 될 것이다."

지금 읽어도 참으로 탁월한 설교가 아닐 수 없다. 기독교에는 국경이 없지만, 기독교인에게는 조국이 있다. 한성감옥에서 회심한 이승만의 첫 기도는 "우리 민족을 구원해 주옵소서"였다. 도교에서 돌아선 길선주의 설교는 우리 문화 위에 기독교의 꽃을 피워, 기독교가 민족의 종교가 되어야 한다는 메시지였다. 처음부터 이 나라의 교인들에게 예수 사랑과 나라 사랑은 둘이 아니라 하나였다. 이것이 한국 기독교의 뿌리요 우리가 계승해야할 유산이다.

길선주의 이름이 점차 전국에 알려졌다. 수많은 교회의 요청을 받아 순회설교자로 활약했다. 지방 순회와 전도여행은 그에게 시대적 비전을 대중에게 전달하여 민족을 깨울 수 있는 기회였다. 길선주는 국민을 새롭게 해야 한다는 뜻으로 "새 국민운동"을 전개했다.

- 그리스도의 정신으로 마음을 새롭게 하자.
- 체육과 성교육으로 체질을 개선하자.
- 미신을 타파하고 풍속을 개량해서 문화 수준을 향상시키자.
- 자급자족으로 생활 향상을 이루자.
- 관혼상제를 개선하고 가옥 구조를 개량하자.

그의 메시지는 한결같이 복음과 민족이었다. "우리는 다른 민족이 될 수 없다. 다른 민족의 옷을 입어도 아니 되는 것이다. 우리는 백의민족이며 우리 자체가 문화적 존재임을 잊어서는 아니 된다."

1906년, 길선주는 개인과 교회에 큰 영적 변화가 일어나기를 기대하며 박치록 장로와 함께 새벽기도를 시작했다. 처음 교회에는 새벽기도라는 것이 없었다. 그러나 예수를 믿기 전, 선도를 수련했던 길선주는 새벽마다 기도하는 습관이 있어서 새벽이면 종종 교회에 나와서 기도를 드렸다. 구도의 경험을 길선주는 기독교 신앙의 형태로 활용한 것이다.

"오순절 날이 이미 이르매"

최초의 오순절에 대한 기록은 특이한 문구로 시작된다. "오순절 날이 이미 이르매 그들이 다같이 한 곳에 모였더니"(사도행전 2.1). 여기에서 "이르매"(쉼푸레루스다이)라는 동사는 단지 정해진 시간이 되었다는 의미가 아니다. 완료형 수동태로서 어떤 물건의 내부가 가득 채워지는 동작이 끝났다는 뜻이다. "가득 채워졌다, 충만해졌다"로 번역될 수 있는 말이다.

성령강림 사건이 일어나도록, 계획된 것이 준비되고, 부족한 것이 채워져, 마침내 오순절 사건이 일어날 수 있었다는 의미이다. 준비가 있을 때 부흥이 임한다는 원리는 평양대부흥의 경우에도 적용된다. 초대교회의 오순절과 한국교회의 평양대부흥은 "준비된 부흥"이었다.

첫째로 성령강림의 말씀이 준비되었다. 예수님은 승천하시면서 제자들에게 분부하셨다. "예루살렘을 떠나지 말고 내게서 들은 바 아버지께서 약속하신 것을 기다리라 요한은 물로 세례를 베풀었으나 너희는 몇 날이 못되어 성령으로 세례를 받으리라"(사도행전 1.4-5).

주님은 성령이 임하실 것을 말씀으로 약속하셨다. 제자들이 말씀을 믿고 약속을 기다리며 기도했을 때 성령이 임하셨다.

평양에서도 부흥의 말씀이 준비되었다. 존스톤 선교사를 통해서 웨일스와 인도의 부흥이 한국인들에게 알려졌다. 부흥의 소식과 역사가 상세하게 전해졌다.

둘째로 사람이 준비되었다. 제자들에게 가슴 아프게

기억되는 이름이 있었다. 가롯 유다였다. 그는 3년 동안 함께 먹고 함께 자고 함께 생활했던 동료였다. 가족처럼 정이 들었던 친구였다. 가롯 유다는 재정을 담당하는 회계였다. 어느 단체나 일을 하려면 회계와 의논해서 돈을 타야 한다. 제자들은 항상 가롯 유다와 의논했다. 무슨 일이든지 함께 처리했다. 그렇게 가까웠던 가롯 유다가, 그렇게 믿었던 친구이자 동료가 배신을 했다.

유다를 제외한 열 한 제자는 초대교회를 세우는 지도자들이 되었다. 교회는 본격적으로 복음을 전파해야 했다. 그런데 가롯 유다의 문제는 초대교회의 복음 전파에도 결정적인 걸림돌이 되었다.

제자들이 예수님을 전하면, 사람들이 시큰둥하다. "예수님이 그렇게 훌륭하신 분이라면, 왜 제자한테 뒤통수를 맞았나? 제자가 너무 많아서 그중에 한 놈에게 당했다고 하면 그나마 이해가 되지만, 고작 열두 명 밖에 더 있어? 아니, 열두 명도 제대로 관리하지 못해서 그 중에 한 놈에게 배신당해서 죽은 예수가 무슨 구세주야!"

이런 식으로 따지면 제자들이 할 말이 없다. 골치도

아프고 마음도 아픈 가룟 유다의 문제에 대해서 베드로가 설교를 한다. "형제들아 성령이 다윗의 입을 통하여 예수 잡는 자들의 길잡이가 된 유다를 가리켜 미리 말씀하신 성경이 응하였으니 마땅하도다"(사도행전 1.16).

"시편에 기록하였으되 그의 거처를 황폐하게 하시며 거기 거하는 자가 없게 하소서 하였고 또 일렀으되 그의 직분을 타인이 취하게 하소서 하였도다"(사도행전 1.20).

베드로는 가룟 유다의 비극을 성경이 이루어진 사건으로 해석했다. 시편에 "그의 거처를 황폐하게 하시며 거기 거하는 자가 없게 하소서"라는 말씀이 있다. 그 말씀 그대로 목매달아 죽은 가룟 유다의 시체가 땅에 떨어졌다. 시체의 창자가 터지고 땅이 피로 물들었다. 결국 그 땅은 아무도 살지 않는 땅이 되었다.

시편에는 또 "그의 직분을 타인이 취하게 하소서"라는 말씀도 있다. 그 말씀을 따라 베드로는 가룟 유다를 대신할 새로운 사도를 뽑아야 한다고 말했다. 베드로의 제안에 따라 제자들은 맛디아를 선출한다. 새로운 동료를 맞이하여 새로운 분위기에서 새로운 교회가 출발한다. 결국 초대교회는 가룟 유다로 인한 상처를 극복하게 된다.

초대교회에는 베드로처럼 성경으로 상황을 해석하는 설교자가 준비되어 있었다. 그리고 맛디아를 새로 뽑아서 가룟 유다의 빈자리를 채웠다. 준비된 사람들이 부흥의 도구로 쓰임 받게 된다.

평양에서도 준비된 사람들이 있었다. 영국과 인도에 부흥을 주신 하나님이 한국에도 "공평하게" 부흥을 달라고 선교사들이 기도했다. 투철한 기독교 신앙과 민족의식으로 무장된, 준비된 설교자 길선주가 있었다.

셋째로 공동체가 준비되었다. "모인 무리의 수가 약 백이십 명이나 되더라"(사도행전 1.15). 성령 받은 사람들은 120명이었다. 여기에 중요한 의미가 있다. 이스라엘에서 의회를 구성할 수 있는 최소한의 인구가 유대인 남자 120명이었다.

남자가 120명이 모이면, 의회를 구성하고 의원을 뽑을 수 있다. 따라서 120명에게 성령이 임했다는 것은 공동체에 성령이 임하셨다는 뜻이다. 그런데 사도행전의 120명은 유대 사회의 120명과 숫자는 같았지만, 구성원은 달랐다.

"들어가 그들이 유하는 다락방으로 올라가니 베드로, 요한, 야고보, 안드레와 빌립, 도마와 바돌로매, 마태와 및 알패오의 아들 야고보, 셀롯인 시몬, 야고보의 아들 유다가 다 거기 있어 여자들과 예수의 어머니 마리아와 예수의 아우들과 더불어 마음을 같이하여 오로지 기도에 힘쓰더라"(사도행전 1.13-14).

유대인의 공동체에서는 남자만 120명이 있어야 했다. 당시에 사람 숫자를 셀 때 여자는 치지도 않았다. 법정에서 재판을 해도 여자의 말은 증언으로 받아들여지지 않았다. 그런데 성령 받은 초대교회에서는 남자만이 아니라 여자도 포함된 120명이었다. 여자가 더 많았다고 추측하는 학자들도 있다.

이것은 세상의 기준과 다른 공동체가 탄생하는 장면이다. 남자와 여자, 배운 자와 못 배운자, 가진 자와 못 가진 자를 차별하지 않고, 오직 예수님을 믿는 120명이 모여 새로운 공동체를 이루었다.

초대교회의 120문도가 공동체를 이룬 것처럼, 평양에서는 장대현교회에 성도들이 한 마음으로 모였다. 그들은 사도행전과 똑같이 사회적 지위와 신분을 막론

한 다양한 신자들이었다.

넷째로 기도가 준비되었다. 사도행전 1장 14절은 초대교회의 모습을 묘사한다. "더불어 마음을 같이하여 오로지 기도에 힘쓰더라"

"오로지 기도에 힘쓰더라" 라고 번역된 말이 헬라어 "프로스카르테레오"이다. 이 단어를 그대로 번역하면 "자신을 붙들어 맨다"는 뜻이다. 어떤 기도가 능력있는 기도인가? 사도행전은 한 마디로 대답한다. "프로스카르테레오" 나를 붙들어 매는 기도이다.

내가 꽁꽁 묶여 있다. 하나님이 나를 꽉 붙들어 매셨다. 몸도 기도에 매여 있고 마음도 기도에 매여 있고 생각도 기도에 매여서 기도 이외에는 아무것도 없다. 기도에 매인 공동체 위에 성령이 임하셨다.

평양에서도 대부흥 이전에 이미 기도의 불길이 타올랐다. 길선주는 새벽 기도를 시작했다. 선교사들은 해마다 크리스마스 시즌에 갖던 친목 모임을 중단하고 기도에 집중했다. 감리교인들과 장로교인들이 교파를 초월하여 연합했다. 그들은 장로교인의 남자 사경회와 그 후에 개최될 감리교인의 사경회를 위해 열심히 기도했다.

　평양대부흥은 1907년에 일어났다. 그런데 성령의 역사는 이미 1906년부터 뚜렷이 나타났다. 북장로교 선교사들의 한국 보고서는 1906년을 회고한다. "가장 놀라운 특징은 한국 교회에 임한 성령의 특별한 부으심에 대한 설명이다. 이전의 선교역사에서는 결코 찾아볼 수 없을 정도로 성령께서 놀랍게 자신을 현시하셨다. 거의 모든 선교부에서 똑같은 보고가 나왔다."

　준비되고 채워졌을 때, 성령이 강림하셨다. 초대교회에서 말씀이 준비되고 사람이 준비되고 공동체가 준비되고 기도가 준비되었을 때, 오순절의 기적이 일어났다. 동일한 패턴이 평양에서도 반복되었다. 역시, 부흥은 오순절의 재현이다.

　성경은 역사를 관통하는 원리이다. 성경은 역사를 통해서 현실화된다. 성경은 역사를 만들고 역사는 성경을 입증한다. 평양대부흥도 마찬가지이다. 이스라엘의 오순절에 대한 사도행전의 기록은 한국의 오순절을 통해서 실현되었다.

　초대교회와 한국교회는 닮은 꼴로 준비되었다. 평양

대부흥과 오순절은 마치 쌍둥이처럼 닮아있다. 준비된 120문도에게 성령이 강림했고 준비된 한국교회에 부흥이 임했다. 말씀은 이렇게 살아서 역사한다. 부흥을 사모한다면, 준비되어야 한다.

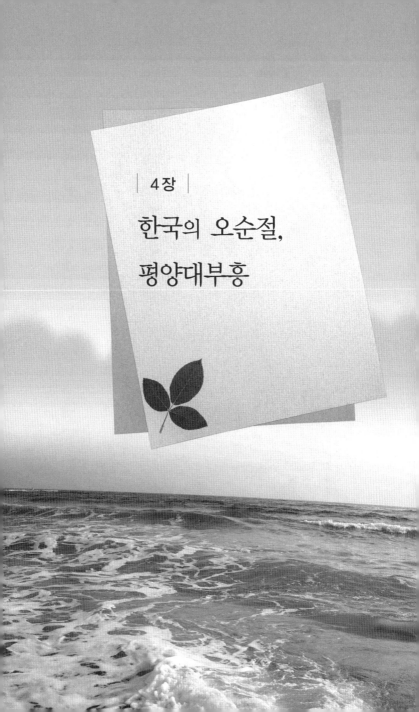

| 4장 |

한국의 오순절,
평양대부흥

▲ 장대현교회 성도들, 그레함 리 선교사

1910년 에딘버러 선교대회는 평양대부흥을 "진정한 오순절" 사건으로 평가했다.

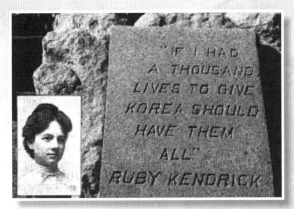

"IF I HAD
A THOUSAND
LIVES TO GIVE
KOREA SHOULD
HAVE THEM
ALL"
RUBY KENDRICK

▲ 루비 켄드릭과 그녀의 유언을 새긴 비석

스물다섯의 나이로 한국에서 순교했다. "만약 나에게 천 개의 생명이 있다면, 천 개를 모두 한국을 위해서 바치겠습니다."

타오르는
부흥의 불길

새해 첫날을 "설"이라고 부른다. '설'의 어원은 '설다'와 '사린다'이다. 낯설다, 몸을 사린다, 등의 표현에서 알 수 있듯이, 아직 오지 않은 새해의 시간은 낯설기 때문에 조심스럽게 맞이해야 한다는 뜻이다.

1월의 첫 보름은 특별히 주의해야 했다. 재앙을 미치게 하는 액을 제거하고 복을 받기 위해서(除厄招福, 제액초복) 조상과 친척에게 인사하고 신에게 기도하는 거룩한 시간이었다. 진일(辰日)에는 비가 알맞게 내리기를 빌고, 자일(子日)과 해일(亥日)에는 쥐와 산돼지가 곡식을 해치지 않게 해 달라고 빌었다.

음력 정월 14일 밤에는 액운을 없애기 위해 제웅(허수아비)을 만들어 길과 다리에 버렸다. 자신에게 닥칠 모든 재앙이 제웅에게 옮겨가도록 기원하는 풍습이었다. 정월 대보름에는 액운을 날려 보내기 위해 연날리기를 했다.

한국교회는 온갖 잡신들을 섬기던 설 명절을 하나님께 집중하는 기간으로 바꾸었다. 제웅을 버리는 풍속을 바꾸어 죄를 버리고, 복을 빌던 관습을 바꾸어 하나님의 말씀을 듣고 기도하는 사경회를 열었다. 사경회 기간 동안 오전에는 성경공부를 하고, 오후에는 집집마다 방문하며 전도하고, 저녁에는 전도 집회로 모였다. 사경회는 기독교 토착화의 지혜로운 열매였다.

기독교가 확산되면서 각지에서 사경회가 열렸고 참석 인원도 늘어났다. 1년간 500회 이상의 사경회가 열려, 사경회마다 40명 정도의 성인 남자가 일주일간 성경을 공부하고 부흥회와 전도 집회를 가졌다. 1906년 평안도에서 사경회에 참석한 신도는 2,000명이 넘었다. 선교사가 인도하기도 했지만 대부분 조사, 장로, 영수 등 한국인 지도자들이 이끌었다.

1906년 1월 25일자 〈그리스도 신문〉에는 "초산읍 사경회"라는 제목의 기사가 실렸다. "사경회는 폭포수와 온정(溫井) 같도다. 폭포라 하는 것은 모든 더러운 것을 다 던지며 무변대해(無邊大海)로 흘러가고 추악한 기운도 없게 하는 곳이요, 온정이라 하는 것은 여러 가지 괴악한 병을 낫게 하는 곳이라.

이번 사경회는 여러 형제의 추악한 물건을 신령한 폭포에 띄워 보내는 것과 반신불수 바람증[風症] 같은 괴악한 성품을 신령한 온정에 한번 씻어 냄으로 온유하고 겸손한 마음으로 서로 사랑하며 서로 권면하는 말은 다 기록하지 못하거니와, 이 신문 보시는 형제자매들은 버리기 어려운 풍속과 고치기 어려운 성품이 있으면 폭포수보다 힘이 있고 온정보다 좋은 사경회에 와서 여러 가지 병 고치시기를 바라나이다."

"폭포수보다 힘이 있고 온정보다 좋은" 사경회가 평양대부흥의 발단이었다. 1907년 1월 2일부터 평양 장대현교회에서 평안남도 사경회가 열렸다. 도 전체의 기독교인들을 대상으로 한 집회였기에 가장 비중이 있었다. 인도자는 하디를 통해 부흥을 경험한 바 있는 그레함 리(Graham Lee, 한국명 이길함) 선교사였다.

참석자가 1,000여명으로, 그때까지 평양에서 있었던 사경회 중에 가장 큰 규모였다. 참여자들은 모두 지방에서 올라온 각 교회의 지도자급에 속하는 신자들이었다. 평양 시내의 교인들은 저녁에 열리는 전도 집회를 제외하고는 참석이 허용되지 않았다.

신자들 중에는 300리(약 118Km), 360리(약 141Km)를 달려온 사람들도 있었다. 대부분은 2주간의 사경회에 참석하기 위해 영하 수십 도를 오르내리는 혹한과 싸우며 거친 산과 들을 넘어 포장되지 않은 시골길을 달려왔다. 그들은 교통비는 물론 집회 기간에 필요한 식사와 숙박비 일체를 스스로 부담해야 했다. 그래서 모든 이들이 사경회가 진행되는 동안 먹을 쌀을 등에 메고 먼 길을 와야 했다. "얼마나 열정이 대단한 사람들인가!"라는 매큔(G. S. McCune)의 탄성은 당시 선교사들이 받은 공통된 느낌이었다. 역시, 부흥은 사모하는 심령에게 임했다.

장대현교회의 집회에는 남자들만이 참여할 수 있었다. 남녀가 함께 모이기에는 장소가 비좁았기 때문이다. 여자들은 네 곳의 다른 장소에서 별도의 모임을 가졌고, 학생들은 학교의 예배실에서 모였다.

오랫동안 준비했던 사경회는 처음부터 은혜로 충만했다. 회중은 말씀을 듣고 통성기도에 몰두했다. 옆 사람을 의식하지 않고 전심을 다해 드리는 통성기도는 대부흥운동의 두드러진 특징이었다.

저녁 집회는 1월 6일부터 시작되었다. 첫날부터 성령이 파도처럼 몰아쳤다. 집회를 마친 후에도 은혜를 사모하는 사람들이 계속해서 기도를 이어갔다. 그때 6명의 건장한 남자들이 극심한 고통을 느끼며 자신들의 죄를 통회했다. 성령의 임재 속에서 그들은 간절하게 용서를 구했다. 길선주 장로가 "만복의 근원 하나님 온 백성 찬송 드리고"를 부르며 모인 이들에게 함께 찬송을 부를 것을 요청했다. 그들은 "성령이 오셨네, 성령이 오셨네"를 반복해서 불렀다.

성령이 강력하게 역사하시면서, 성도들은 자신들의 죄악을 생생하게 자각했다. 죄를 털어놓지 않고는, 용서받지 않고는 견딜 수 없었다. 누가 시키지도 않았는데, 한 사람씩 한 사람씩 앞으로 나와 공개적으로 죄를 자백했다.

스왈른 선교사의 기록이다. "몇몇 사람은 고백의 마지막 말이 채 끝나기도 전에 갑자기 펄쩍 뛰고는 자신의 죄를 통회하지 않고는 견딜 수 없다며 울부짖기 시작했다. 집회는 중단 없이 새벽 2시까지 계속되었다.

가장 소름 끼치는 일련의 죄에 대한 고백들이 방해받지 않는 가운데 있었다. 사악하고 수치스러운 모든 죄들이 아주 깊은 죄의식 하에 고백되어졌다. 사람들은 자신들의 죄를 고백하고는 가장 무시무시한 고통에 처한 것처럼, 갑자기 무섭게 통회하고 애통하기 시작했다.

때로는 숨을 쉬지 못해 괴로워하는 사람처럼 가슴을 치기도 했다. 갑자기 마룻바닥에 엎어져 몹시도 통회하는 가운데 손으로 바닥을 연타하기도 했다."

그레함 리 선교사도 비슷한 기록을 남겼다. "한 사람씩 한 사람씩 일어나서 자신의 죄를 고백하고 고꾸라져 울었다. 바닥에 엎드려 자기가 죄인이라는 완전한 고통 속에서 주먹으로 바닥을 쳤다. 나의 요리사는 회개하려고 애쓰면서 그 가운데 거꾸러져 방 건너 쪽에 있는 나에게 소리쳤다. '목사님, 나에게도 희망이 있는지요, 용서받을 수 있는지요, 말씀해 주십시오.' 그리고 나서 바닥에 엎드려 울고 또 울며 고통 중에 부르짖었다.

때때로 회개의 고백 후에 모든 회중이 통성기도를 했다. 수백 명의 회중이 통성기도를 한 효과는 무엇이라고 표현할 수 없는 것이었다. 다시 회개의 고백 후에 그들은 참을 수 없는 울음을 터뜨렸고 우리 모두 함께 울었다. 우리는 그럴 수밖에 없었다. 그래서 그 모임은 기도와 고백과 눈물로 새벽 2시까지 계속되었다."

그들은 몸부림치며 번민했다. 일부는 거의 죽음에 이를 정도로 괴로워했다. 친구를 살해하고, 도적질을 하고, 사람들을 증오했던 온갖 죄악들이 공개적으로 고백되었다. 회개하고 밤을 새워 기도하면서 성령으로 충만해졌을 때, 그들은 비로소 마음의 평안을 얻었다.

장대현교회에서 특이한 일이 일어났다는 소문이 평양 시내로 퍼져갔다. 당시 순포(경찰)였던 방은덕도 많은 사람들이 모여서 죄를 자복한다는 소문을 들었다. 그는 무릎을 쳤다. 교회에 가서 자백을 들으면 범인들을 많이 잡을 수 있겠다고 생각했다.

1월 8일 저녁에 방은덕도 집회에 참석했다. 그날 길선주는 "지옥을 취하랴, 천당을 택하랴"는 제목으로 설교했다. 물질을 도둑질한 사람은 잡을 수 있지만 마음에 도사리는 죄는 다스릴 수 없다는 말씀을 전했다. 길선주가 외쳤다. "죄 있는 마음은 지옥이요, 죄를 회개한 마음은 천당입니다."

말씀이 화살처럼 날아서 방은덕에게 꽂혔다. 앞자리에 앉아 있던 그는 "아이고" 하는 외마디 비명을 지르며 고꾸라졌다. 눈물을 글썽거리며 길선주에게 애원했다. "제발, 저 좀 살려 주십시오."

길선주는 잠시 설교를 중단하고 방은덕을 위해 기도했다. 그리고 청중을 향해 죄를 회개하면 성령이 충만해지고, 은사를 받게 된다고 설교했다. 예수와 함께 십자가에 달린 강도 이야기도 들려주었다. 마지막으로 회중에게 지옥과 천당 가운데 무엇을 택할 것인지 물었다. 그때 방은덕이 자리에서 일어나 대성통곡을 했다.

"선생님, 이 죄인도 용서받을 수 있습니까? 저는 천당에 와서 죄인을 잡으려 했던 죄인, 순포 방은덕입니다. 어찌하면 됩니까?"

회중은 크게 감동을 받아 기도하기 시작했다. 성령의 역사는 회개의 뜨거운 눈물로 번졌고, 통성기도를 하면서 하나님을 불렀다. 어떤 사람은 기도하다가 기절해서 쓰러지기도 했다. 어느 누구도 말릴 수 없었고, 진정시킬 수 없었다.

길선주가 찬송을 부르기 시작하자, 울부짖던 성도들이 어느 새 따라 부르기 시작했다. 그곳이야 말로 주님을 모신 변화산이었다. 성령의 역사에 대한 소문은 삽시간에 퍼져 나갔다. 수백 리 밖에서도 사람들이 장대현교회를 찾아왔다.

　1월 9일 저녁에 길선주는 "성령 앞에 숨을 자는 없다"라는 제목으로 설교를 시작했다. 회개하는 사람만이 마음의 참 평화를 누릴 수 있다고 전했다. 그의 입으로 선포되는 하나님의 말씀은 회중의 마음을 찔렀고, 죄를 감출 수 없게 했다. 죄를 토해내는 간증이 잇달았다. 울음소리는 그칠 줄 몰랐다.

　길선주가 "죄를 회개하는 사람은 모두가 하나님의 자녀가 되는 축복을 누릴 수 있습니다."하고 외쳤을 때, 승복을 입은 스님이 자리에서 일어났다. 10여 년 동안 불도를 닦은 김덕엽이었다. "저는 이 모임에 기적이 일어났다는 말을 듣고 며칠째 참석했습니다. 이제 저는 하나님이 살아 계시다는 것을 분명히 믿게 되었습니다. 장로님의 설교를 통해 마음의 평화를 얻고, 참 진리를 깨달았습니다."

그러더니 목에 걸고 있던 염주를 벗어서 길선주에게 주었다. 그는 그 자리에서 기독교로 개종했다. 길선주는 김덕엽이 복음의 일꾼이 되기를 간절히 기도했다.

길선주의
공개적인 회개

성령의 역사와 죄의 고백은 날마다 계속되었다. 13일 주일 저녁에도 많은 사람들이 모여들었다. 그런데 그날의 집회는 이전에 비해서 너무나 냉랭하고 차가웠다. 길선주 장로가 설교한 뒤, 그레함 리 선교사가 다시 기도할 것을 요청하였으나 아무도 기도하려 하지 않았다. 길선주 장로가 안타까운 나머지 청중들을 향해 "죽었느냐?"고 반문할 정도였다.

집회 마지막에 반전이 일어났다. 계속되는 부흥의 주역으로 활약하고 있던 길선주 장로가 갑자기 자신의 죄를 고백했다. "하나님께서 우리 집회에 은혜를 내리

시지 않은 이유는 바로 나 때문입니다. 내가 바로 아간과 같은 자입니다. 나 때문에 하나님께서 이 집회에 은혜를 베풀어 주지 않는 것입니다.

약 일 년 전에 내 친구가 임종하면서 내게 부탁했습니다. '길 장로, 내가 세상을 뜨거든 내 유산을 돌보아 주시오. 내 아내가 세상을 너무나 모르니 당신만 믿겠소.' 나는 잘 보아 줄 터이니 염려하지 말라고 약조하였습니다. 그러나 그 친구가 세상을 떠난 뒤 미망인의 재산을 관리해주면서 백 달러 상당의 돈을 사취하였습니다."[19]

당대의 부흥사요 교회의 탁월한 지도자였으며, 바로 그 사경회의 주강사였던 길선주의 회개는 충격이었다. 진실한 참회와 더불어 꺼질 듯 했던 부흥의 불꽃이 다시 타올랐다. 회중들에게서 회개가 터져 나왔다. 울부짖는 통곡소리와 함께 통회하는 통성기도가 진동했다.

1월 14일 저녁, 성령의 역사는 계속되고 있었다. 집회 내내 블레어(William N. Blair, 한국명 방위량) 선교사와 함께 청년회 사역을 하던 김 장로는 고통 속에서 몸부림쳤다. 그가 몹시도 무거운 짐을 심령에 지고 있음을 사람들이 알 수 있을 정도였다. 집회를 마치자, 그는 간신히 무서운 고통을 안고 집으로 돌아갔다.

다음날인 15일은 사경회의 마지막 날이었다. 집회 시간 내내 김 장로는 무시무시한 고통 속에서 투쟁했다. 바닥에 고꾸라져 머리를 쥐어뜯으며 온몸을 뒤틀었다. 집회를 끝낸다는 소리를 듣자 그는 초인적인 노력으로 일어서서 강단으로 걸어 나갔다. 흐느끼고, 울부짖고, 전율하고, 주먹으로 강단을 내리치면서 그는 자신의 죄악들을 토로하였다.

놀랍게도 그것은 블레어 선교사에 대한 증오와 미움이었다. 성령의 강권적인 역사 앞에 김 장로는 깊숙이 감추어 두었던, 증오의 응어리들을 송두리째 드러내 놓고 회개하지 않을 수 없었다. 평소에 그를 아끼고 신뢰했던 블레어 선교사는 커다란 충격을 받았다. 다른 선교사들이 그가 너무나 애처로워보였다고 말할 정도였다.

마음을 털어놓으면서 김 장로는 양손으로 머리를 감싸고는 고통 가운데 머리카락을 쥐어뜯었다. 마루에 고꾸라져 발작하는 사람처럼 몸부림쳤다. 블레어 선교사는 그의 옆에서 고개를 숙이고 울면서 전에 없이 간절히 기도했다. 그 직후의 순간을 이렇게 기록했다. "지붕이 건물로부터 들려지고 하나님의 성령이 우리 위에 능력으로 쏟아져 내리는 듯하였다."[20]

대부흥의 현장에 있었던 방기창 목사는 2년 후 게일 선교사에게 이렇게 증언했다. "그것은 예수님이 바로 그곳에 계신 것처럼 대단한 표적과 기사였다. 도망갈 수 없었다. 나는 몇몇 사람이 일어서려고 몸부림치다가는 탄식하며 뒤로 나자빠지는 것을 보았다.

나머지 사람들은 다시 몇 가지의 해묵은 죄에서 자신들의 영혼이 벗어나기 위해 펄쩍펄쩍 뛰었다. 그러한 고백을 하는 것이 현명하지 않은 것처럼 보였지만 달리 방법이 없었다. 한국인들은 물론 선교사들도 모두 신비스럽고 무서운 권능에 사로잡혀 어찌할 수 없었다."

그로부터 40년이 지난 후, 블레어 선교사는 "나는 지금도 자비를 베풀어 달라고 하나님께 호소하는 수백 명의 떨리는 목소리를 들을 수 있다"고 회상했다.[21]

부흥의 현장에는 감정적인 현상이 폭발적으로 표출되었다. 울고 소리 지르고 나뒹굴고 몸부림쳤다. 그래서 선교사들 중에는 지나치게 감정적으로만 치우치는 것은 아닌지 우려하기도 했다. 클락(Clark)은 사람들에게 다가가 기도하는 내용을 들어보기도 했다.

그는 이렇게 기록했다. "여러 개인들의 기도 소리를 들으면서 그들의 기도가 얼마나 이성적인가를 깨닫고 깜짝 놀랐다. 각 사람은 마치 자기 홀로 작은 방에 갇혀 하나님과 단독으로 만나고 있는 것처럼 신실하게 기도를 드렸다."

매큔의 견해도 같았다. "그곳에는 종종 감흥(the emotional)이라는 말로 사용되는 감정적인 요소는 하나도 없었고, 모인 각 개인이 기도에 온전히 집중했다." 선교사들과 한국 교회 지도자들은 신자들의 반응이 단순히 감정 표출이나 격정에서 나온 탄식이 아닌, 성령의 감동으로 이루어졌다는 사실을 확인할 수 있었다.

대부흥은 단순히 몸부림치며 죄를 고백하는 것으로만 그치지는 않았다. 성도들은 회개에 합당한 행동을 했다. 돈을 훔쳤던 이들은 당사자들에게 찾아가 돈을 돌려주며 용서를 빌었다. 거짓말을 했던 이들은 솔직하게 자신의 거짓을 털어놓고 용서를 구했다. 증오했던 사람들을 찾아가 화해를 시도하기도 했다.

매큔은 1월 15일 선교본부의 아더 브라운 총무에게 다음과 같이 보고하였다. "한 교회 집사는 기독교인이 되기 전에 딸 하나를 독살했다고 고백했는데, 그것은 결코 전에는 고백하지 않은 죄였다. 곡산 선교구 조사(평신도 설교자)는 그가 래크(Leck)를 위해 일할 때, 그로부터 우리 돈으로 2달러에 달하는 총 4엔을 취했다고 고백했다. 그는 그 돈을 그레함 리에게 가지고 와서 그것을 미국에 있는 래크의 아내에게 보내 달라고 요청했다.

남편들은 새 아내를 얻기 위해 자신들의 아내를 거의 죽음에 이를 정도로 증오했다고 고백했다. 그중 몇 명은 처가에 가서 아내들에게 그 사실을 솔직하게 고백했다."

스왈른은 증언했다. "다음날 사람들이 거리에서 서로 죄를 고백하는 것을 볼 수 있었다. 도둑맞은 물건들이 되돌아 왔다. 도둑맞은 돈도 되돌아왔으며, 오랫동안 갚지 않았던 빚이 청산되었다. 부정한 방법들이 전반적으로 바로잡혀갔다."

평양대부흥을 재현하려는 시도가 여러 차례 있었다. 대부흥을 기념하는 세미나, 집회, 부흥회가 열렸다. 100주년을 맞이하는 2007년에는 대대적인 행사가 개최되기도 했다. 그러나 대부흥은 재현되지 않았다.

이유는 무엇일까? 집회도 있었고 강사도 있었고 통성기도도 있었고 죄의 자백도 있었다. 평양대부흥 당시 장대현교회에서 진행되었던 모든 순서와 과정을 반복했지만, 부흥이 일어나지 않은 이유, 정직한 회개와 진실한 행동이 없었기 때문이다.

평양대부흥을 기념하는 집회에서 누군가 살인을 고백했다는 말을 들은 적이 있는가? 돈을 횡령했다는 목회자의 간증이 있었나? 아내를 죽도록 미워했다고 자백한 성도를 본 적이 있는가? 그와 같은 자백이 없었다면, 대부흥 당시에는 교인들이 죄를 많이 지었고 지금은 교인들이 죄를 짓지 않아서인가?

그렇지는 않다. 죄가 있고 없고의 차이가 아니라 성령이 있고 없고의 차이다. 성령이 깊숙이 역사하셔서 죄를 고백하지 않을 수 없었던 당시와, 떠들썩하게 행사는 벌이지만 성령이 임하시지 않는 오늘의 차이다.

정직한 자백이 없으니 그에 따른 행동도 없을 수밖

에 없다. 평양대부흥 당시에는 훔친 돈을 돌려주고 증오했던 사람과 화해했지만, 요란한 대부흥 기념행사의 뒤안길에서는 아무 일도 일어나지 않았다. 사람의 행사는 그저 사람의 행사로 그칠 뿐이다. 부흥은 성령이 주신다.

대부흥의 확산

한국교회 부흥운동의 특징은 성령께서 심령을 찌르셔서 아무리 작은 죄라도 감추어 놓고 있으면 못 견디게 하는 것이었다. 죄가 인생을 슬프게 한다는 사실을 어느 정도 알고 있던 신자들도 평상시와는 차원이 다르게, 죄의 공포를 깊숙이 깨달았다.

그래서 회개자들은 바닥에 뒹굴거나 두려움과 슬픔에 사로잡혀 무섭게 경련을 일으켰다. 하나님을 거역했던 모든 생각과 말과 행동을 고백했다. 죄를 무섭게 자각한 결과, 죄 없으신 그리스도께서 자신을 위해 죽기까지 사랑하신 십자가의 은혜를 더욱 깊게 체험했다. 성도들은 완전한 용서를 깨달았다. 전 회중은 통성으로 크게 기도하였으며, 함께 울고 기뻐하였다.

장로교의 연례보고서는 흰 옷을 즐겨 입는 한국인들의 특징을 회개의 역사와 연결 지었다. "성령께서는 백의민족(白衣民族) 한국인들을 자신들이 좋아하는 색깔처럼 순수하고 진정한 신앙의 사람으로 만들어 사용하시기 위해 철저하게 자신들의 죄를 숨김없이 토로하도록 강권적으로 역사하셨다."[22] 백의민족을 흰 옷처럼 희게 하는 성령의 역사였다.

은혜 받은 이들은 시내로 흩어져 불신자들을 저녁 전도 집회로 인도했고, 그들 가운데 수백 명이 그리스도를 믿었다. 그 결과 평양의 교회마다 모여드는 이들로 넘쳐났다.

성령의 불은 평양에만 머무르지 않았다. 전국적으로 옮겨 붙어서 각지에서 부흥이 일어났다. 확산의 수단은 복합적이었지만, 주로 세 가지이다. 첫째로 장대현교회의 남자 사경회 등 평양에서 열린 일련의 집회에 참석한 이들이 고향에 돌아가 부흥운동을 확산시켰다.

둘째로 평양 등에서 부흥이 일어난 소식에 자극을

받은 성도들이 자신들의 지역에서도 성령의 역사가 나타나기를 소망하며 기도하는 가운데 부흥이 일어났다.

셋째로 부흥운동의 지도자들이 다양한 지역으로 흩어져 부흥 집회를 인도하면서 전국적으로 확산되었다.

1월에 평양에서 시작된 놀라운 성령의 역사는 한 달 뒤인 2월에 길선주를 통해서 서울에서 재현되었다. 그의 설교에는 힘이 있고 능력이 있었다. 마치 오순절에 성령 충만을 받은 베드로의 설교처럼 대단한 권능을 지니고 있었다.

〈코리아 미션필드〉의 1907년 3월호에는 "서울에 있었던 최근의 성령의 역사"라는 기사가 실렸다. "하나님이 가라사대 말세에 내가 내 영으로 모든 육체에게 부어주리니, 이 예언이 오늘날 우리 가운데 성취되고 있다. 지난달 동안에 이 도시(서울)의 그리스도인들의 마음속에 임했던 가장 놀라운 성령의 역사는 매일의 대화의 주제가 되고 있다." 길선주가 인도하는 일련의 서울 집회에서 무려 1,200명이 결신했다.

3월 말, 전국에서 흩어져 사역하던 75명의 장로교 신학생들이 해마다 있는 3개월 간의 집중적인 신학 훈련을 위해 평양을 찾아왔다. 당시의 신학교에서 교수들은 모두 다양한 지역에서 사역하는 외국인 선교사들이었다. 그러다보니, 한국인이 외국인에게 사투리를 배우는 진풍경이 펼쳐졌다.

테이트(Lews Boyd Tate, 한국명 최의덕), 매큐첸(McCutchen, 한국명 마노덕), 벨(E. Bell, 한국명 배유지) 등 호남의 선교사들은 전라도 사투리로 강의했다. 영남에서 일하던 엥겔(G. Engel, 한국명 왕길지) 선교사는 경상도 말을 사용했다.

평양 선교부의 마펫, 그레함 리, 스왈른은 평양 사투리를 썼다. 함경도의 푸트(William Foot, 한국명 부두일), 롭(Alexander Robb, 한국명 업아력)은 함경도 방언으로 말했다. 서울 선교부에서 일했던 언더우드(Underwood, 한국명 원두우), 클락은 서울 표준어로 발음했다.

팔도에서 몰려온 신학생들은 조선 팔도의 사투리를 선교사들에게 배우면서 배꼽을 잡고 웃었다. 그들 가운데 6명은 다가오는 가을에 목사 안수를 받을 예정이었다. 한국인들의 첫 목사 안수에 맞추어 오순절의 역사가 전국에 확산되고 있었다는 것은 놀라운 축복이었다.

신학도들이 모인 3월말, 평양에서 시작된 성령의 불길이 전국을 강타하고 있었다. 그야말로 부흥운동이 최고로 고조되었을 때였다. 장차 한국 교회의 목회자가 될 신학생들은 죄를 태워 버리는 성령의 불(the fire of Holy Spirit)을 경험했다. 성령의 은혜를 통해 평양신학교 학생들은 일찍이 가져 보지 못하였던 신앙의 힘을 체험하게 되었다.

　대부흥은 민족의식의 부활을 수반한다. 역사상 부흥이 일어난 땅에서는 어디나 시대와 현실에 대한 자각이 새롭게 일어났다. 평양대부흥은 민족적 각성 운동이기도 했다. 을사늑약과 주변국들의 위협, 경제적인 수탈로 고난 받던 조선인들은 기독교야말로 민족을 살릴 수 있는 유일한 길이라는 것을 부흥운동을 통해 확인할 수 있었다.

　평양신학교 학생들도 민족의 교회를 짊어지고 가야 할 사명감을 깊이 인식하게 되었다. 이와 같은 놀라운 성령의 임재에는 장차 한국교회를 이끌어 갈 장래의 목회자들을 영적으로 무장시키고 새로 조직될 교회를 축복하시려는 하나님의 깊으신 섭리가 내재되어 있었다.[23]

부흥은 상처를 치유하는 불길이기도 했다. 공주의 하리동교회에서는 교인 간에 분쟁이 많았다. 전도사가 시험에 들어 죄를 범했고, 지역을 담당하던 선교사도 사망했다. 고린도교회처럼 시험과 분쟁이 끊이지 않아 성령을 슬프게 하던 교회였다. 1907년 4월 8일부터 일주일간, 그곳에서 사경회가 열렸다. 윌리엄즈(F. E. C. Williams) 선교사와 안창호, 김상백 전도사가 인도하는 가운데, 성령의 임재와 권능이 나타났다.

임동순은 "충청남도 공주 하리동교회 부흥한 결실"이라는 글에서 다음과 같이 기록했다. "제 삼일 만에야 비로소 자복이 나오는데 그 형상이 마치 만신창에 곪은 것을 째고 피고름 짜는 것 같은지라.

서로서로 미워하고 시기하였다 하며, 간음하였다 하며, 속이고 도적질하였다 하며, 부모에게 불효하였다 하며, 우리 주를 입으로만 믿었다 하며, 어떤 이는 목사를 속였다 하며, 어떤 이는 그간 안창호 씨를 원수같이 보았다 하며, 슬피 애통으로 서로서로 용서함을 받으며 서로 위로하며 날마다 이와 같이 일주일 동안을 지낼 새 외인들은 예배당에 초상난 줄로 공론이 분분하더라. 어찌 감사치 아니하리오."

1907년 6월 황해도 해주에서도 부흥이 일어났다. 그곳에서 영향력 있던 교회인 곤미교회의 담임 목회자가 평양에서 성령의 역사를 체험했다. 고향으로 돌아온 그는 어머니를 찾아가 죄를 고백하고 용서를 구했다. 그리고 7명의 교인들과 함께 마을의 높은 산에 올라가 몸부림치며 간절히 기도했다. 다음날 수요 예배 때 과거에는 볼 수 없는 죄의 고백이 나타났다. 교인들은 놀라운 은혜를 받았다.

곤미교회에서 시작된 부흥의 불길은 해주 지역 18개 교회로 퍼져 나갔다. 전 교인의 약 3분의 2가 자신들의 죄를 고백하고 용서받기를 간구했다. 그들은 성도의 교제 가운데 하나로 연합되었고, 죄의 개념과 결과를 깊이 깨달았다. 술 취하는 것이 죄라는 사실을 깨달은 한 사람은 술을 땅에다 쏟아 버렸다. 몇몇 사람은 자신들로 인해 피해를 입은 이들에게 죄를 고백하기 위해 100마일(약 160Km) 이상을 달려가 도둑질한 물건을 되돌려 주었다.

1907년, 평양에서 일어난 부흥을 목격하기 위해 2명의 중국교회 지도자가 만주에서 내려왔다. 그들에 의

하여 부흥의 불은 중국으로 옮겨 붙었다. 만주의 많은 그리스도인들 가운데서도 평양에서 있었던 것과 같은 회개와 영적 각성이 강하게 일어났다.

세계적인 선교사가(宣敎史家) 라토렛(K. S. Latourette)은 만주의 놀라운 종교적 운동은 한국에서 일어난 부흥과의 접촉을 통해 발화된 것이라고 말했다. 평양대부흥과 마찬가지로 만주의 집회에서도 자주 공개적인 회개가 있었다. 만주의 부흥은 중국 내지 선교회의 여러 지부나 선교회 협력단체들로 확대되어 각지로 번져갔다.

사실 부흥의 기회는 한국보다 중국에 먼저 주어졌다. 영국과 인도의 부흥 현장을 돌아본 존스톤이 한국에 앞서 중국에 갔기 때문이다. 존스톤은 중국의 여러 지역을 순회하며 부흥의 소식을 전했다. 하지만 중국 교회는 아무런 반응도 보이지 않았다.

그가 중국에서의 일정을 마치고 한국에 들어왔을 때, 한국의 선교사들은 열렬하게 호응했다. 존스톤에게 소개받은 부흥이 한국에도 임하게 해달라고 간절히 기도했다. 그 결과 한국에 먼저 부흥이 크게 임했다. 뒤늦게 만주의 교회들이 부흥을 배우러 한국에 왔고,

그들에게도 부흥이 임했다.

하나님은 기회를 주신다. 살려내는 것은 인간의 몫이다. 평양대부흥은 하나님의 기회를 제때에 움켜쥐었기에 가능했다. 역시, 천국은 침노하는 자의 것이다.

회개하지 못한 죄, 방해와 핍박

죄를 추적하시는 성령의 사역에 순종한 이들은 용서와 평안을 얻었다. 하지만 모두가 그렇지는 못했다. 분명히 나타나는 하나님의 권능 앞에서 죄를 감추려고 했던 자들은 더 큰 고통을 감수해야 했다. 강유문의 비극적인 생애가 그것을 보여준다.

장대현교회의 사경회에서 강유문도 공개적으로 죄를 자백했다. 어느 장로를 미워했음을 털어놓았지만, 그에게는 남아있는 죄가 있었다. 고백하지 않은 죄에 대한 죄책감이 그를 사로잡아 몹시 괴로워했다.

스스로 자백하지 않았던 죄는 타인에 의해서 폭로되었다. 몇 년 후 한 여인이 강 씨가 교회 직분을 맡고 있는 동안에 그와 부도덕한 죄를 지었음을 고발했다. 강유문은 점차 교회에서 멀어졌고, 결국 선교회는 그를 해고해야만 했다. 마침내 그는 교회에 발을 끊었고 동역했던 블레어 선교사를 의도적으로 피했다. 그 후 강 씨는 점점 더 완악해졌다. 마침내 창녀들을 고용하는 포주가 되어, 남은 생애를 아편과 더불어 보냈다.

부흥은 핍박을 수반했다. 1907년 2월 22일부터 3월 22일까지 한 달간 감리교 여자 사경회가 평양의 남산현교회에서 열렸다. 2천 명 이상이 예배를 드리고 있는데, 한 남자가 난입해서 외쳤다. "불이요 불!" 아내가 교회에 열심히 나가자, 화가 나서 저지른 행동이었다.

교회당 뒤편에 주로 앉아 있던, 집회에 처음으로 초대받은 불신 여자들이 동요되면서 실내는 순식간에 아수라장으로 변했다. 사람들이 한꺼번에 문 쪽으로 몰려가면서 현관문짝이 부서졌다. 소리를 지르고 절규하는 이들도 있었다. 많은 사람들이 심하게 다쳤고 몇몇 유아는 죽을 뻔했다. 다행히 죽은 사람은 한 사람도 없다.

박해는 교회를 대상으로, 동시에 가정과 사회에서도 일어났다. 특히 부흥운동의 물결이 강했던 북부에서 박해는 더 심했다. 마을 주민들이 단합하여 신자들에게 양식을 제공하지 않거나, 우물에서 물을 길어가지 못하게 하거나 산에서 나무를 하지 못하게 막는 경우도 있었다.

예수를 믿는다는 것은 그만큼 불이익을 감수하는 것을 의미했다. 때로는 동네에서 철저하게 따돌림을 당하기도 했다. 그러나 박해가 있으면 있을수록 복음에 대한 열정은 더욱더 강해졌다.

1907년 5월 양건군의 군수는 자신에게 알리지 않고 교회를 건축하려고 했다는 이유로 트집을 잡았다. 그 지역에 있던 상시미교회의 지도자를 체포하여 2시간 동안 마을 중앙에서 가혹행위를 했다.

군수는 마을을 떠나면서 주민들에게 신자들은 나쁜 사람들이고 불신자들이 오히려 좋은 사람들이라고 말했다. 내년에 다시 와서 그리스도인들을 감옥에 보낼 것이며, 본보기로 기독교인 가운데 한 사람을 사형시키겠다고 협박하였다. 이 일로 인해 생겨난 지 2년도 안된 교회의 교인들은 공포에 휩싸였다.

문제의 군수가 마을을 떠난 지 2시간 후에 클락 선교사가 마침 그곳에 도착했다. 소식을 듣고 군수를 찾아가 면담하고 그가 마을 사람들에게 한 말이 무슨 의미인지를 물었다. 군수는 직권을 남용하기로 유명했으며 늘 술에 취해 있었다. 다행히 일 년 후에 아무 일도 일어나지 않았다.

궁천에서는 예배를 드리고 있을 때 갑자기 술 취한 남자들이 나타나서 방해했다. 성도들이 삼가 달라고 정중히 부탁했지만, 그들은 막무가내였다. 100명이 넘는 동조자들을 모아서 남자들을 구타하고 여자들을 모욕했다. 책과 성경들을 불태워 버렸다. 그리스도인들의 가정으로 가서 집들을 부수었다. 많은 문들이 이음새에서부터 부서지고 벽들이 움푹 들어갔다.

현장에는 열심 있는 젊은 여신도가 있었다. 한 남자가 그녀의 뺨을 때리고 욕설을 퍼부었다. 모욕적인 언행에도 불구하고 그녀는 아무런 저항도 하지 않았다. 오히려 "나는 그리스도를 위해 이것을 참을 수 있습니다. 원하면 다른 뺨도 때리십시오."라고 말했다. 그러자 남자는 무안하고 부끄러운 나머지, 급히 그곳을 떠나갔다.

집이 부서지고 구타를 당했지만, 성도들은 굴복하지 않았다. 다음날에도 다시 예배를 드리기 위해 교회에 모였다. 몇몇 사람들이 또 나타났지만, 이번에는 괴롭히거나 구타하지 않았다. 그들은 그리스도인들이 자신들을 핍박하는 원수를 위해 기도하는 경건한 모습을 보고 마음에 가책을 받았던 것이다.

"왜 우리가 구타하고 모욕했을 때, 우리들을 치거나 모욕하지 않았지요? 확실히 이 종교에는 무엇인가 놀라운 것이 있음에 틀림이 없습니다." 그들은 오히려 질문했다. 그 후 대단한 변화가 지역에 발생했다. 폭도들 가운데 몇이 예수를 믿었다.

대부흥의 뒤안길, 희생과 순교

1907년은 위대한 부흥의 해이며, 동시에 선교사들에게는 초인적인 과로(過勞)의 해였다. 부흥의 결과로 늘어난 사역을 감당하느라 눈코 뜰 새 없이 분주하게 보내야 했다. 대구에서 활동했던 아담스(James E. Adams, 한국명 안의와)가 1907년 6월 28일에 작성한 편지를 인용한다.

"올해 나는 단 하루도 쉴 날이 없었다. 중학교가 방학에 들어간 다음날 시골로 떠났다. 선교구에서 보낼 수 있는 날이 겨우 5일밖에 없었는데, 나는 하루에 한 교회를 세웠다. 지난해 이후 한 번도 이 교회들을 방문하지 못했기 때문에 그들에게 필요한 온갖 종류의 권징과 회복시킬 일들이 생겨났던 것이다.

방문 마지막 날 오후, 한 교회에 도착한 나는 새벽 1시 30분까지 학습문답을 하고 다음날 아침 식사 후 7시에 예배를 시작하여 세례를 주고 학습 시취를 하고 그리고 집사를 임명하였으며, 그리고 8시에 집에 오는 밤기차를 타기 위해 25마일(약 40Km)을 가로질러 달렸다.

그 다음날 성서위원회 일로 서울에 가야 했고, 하루만에 다시 돌아와 조사와 매서인들을 위한 2주간의 사경회에 들어갔다...

그렇게 해서 하루가 지나고, 7일 한 주가 지나고, 1

년 365일이 지나간다. 당신은 지난 1년 동안 우리 선교사들 중 얼마나 많은 사람들이 무너져 내렸는가를 목도하지 않았는가?"

아담스의 표현처럼, 하루도 쉴 수 없었던 선교사들은 수없이 무너져 내렸다. 당시 난방 시설도 없는 추운 겨울에 복음을 전하기란, 강추위와 싸우는 정도가 아니라 죽음과의 사투(死鬪)였다. 특히 북부 지방의 겨울은 영하 30도를 오르내리는 강추위였다.

남장로교 선교회 창설자 가운데 한 사람이며, 탁월한 언어 실력을 갖추어 모든 한국인들로부터 존경을 받던 전킨(William McCleary Junkin)은 부흥운동으로 선교 사역이 놀랍게 확장되면서 휴식을 취할 겨를도 없이 헌신적으로 전도에 몰두했다.

1907년 크리스마스 다음날, 강추위 속에서 사역을 계속하던 그는 급성폐렴에 걸렸다. 처음부터 심하게 앓았다. 3명의 의사와 훈련된 간호사가 온갖 노력을 다 했지만, 소용이 없었다. 불과 일주일 뒤인 1908년 1월 2일, 전킨은 마지막이 다가오고 있음을 직감했다.

선교사는 차분하게 사역을 정리했다. 남아있는 성도

들에게 사역의 방향을 제시했다. 사랑하는 이들에게 마지막 작별을 고했다. 거친 숨을 몰아쉬면서 전킨은 유언을 남겼다. "내가 만약 여기서 죽는다면, 죽는 것은 값진 것입니다. 나는 지금 갑니다. 그리고 나는 매우 행복합니다."

배우자를 잃는 사례도 적지 않았다. 해리슨(William Butler Harrison, 한국명 하위렴) 선교사는 1903년, 결혼 5년 만에 사랑하는 아내와 사별(死別)했다. 아내를 묻은 한국 땅을 그는 떠나지 않았다. 선교 현장에 남아 복음전파에 매진했다. 1907년 대부흥의 시기에, 여러 차례의 사경회를 인도하며 전주 지역의 복음화를 위해 헌신했다.

한국의 개척 선교사 가운데 한 사람인 게일 역시 아내를 잃었다. 그때 부흥 운동으로 사역지는 놀랍게 성장하고 있었다. 게일에겐 슬퍼할 시간도 여유도 없었다. 그는 계속해서 한국의 복음화를 위해 헌신했다.

성인들만 희생된 것은 아니었다. 아기들도, 어린 자녀들도 밀알처럼 드려졌다. 개척 선교사들은 한국에서 청년 시절을 보냈다. 젊은 그들은 고생하면서도 버텨

냈지만, 어린 아이들은 열악한 위생 환경과 의료 시설 부족으로 죽어갔다. 그들은 사랑하는 자녀들을 잃는 아픔을 겪으면서 부흥운동을 전개했다. 아브라함이 이삭을 바치듯이, 한국 선교의 제단에 아이들을 바쳤다.

원산대부흥이 한창 진행되고 있던 1904년 클락 선교사의 첫째 아이가 세상을 떠났다. 이듬해에 둘째 아이마저 태어난 지 얼마 되지 않아 숨을 거두었다. 평안북도 선천을 중심으로 사역하던 시릴 로스(Cyril Ross, 한국명 노세영)의 18개월 된 아이가 부흥운동의 물결이 한반도 전역에 몰아치고 있던 1908년 1월에 숨졌다. 막 재롱을 부릴 나이, 아장아장 걷기 시작한 초롱초롱한 눈망울이 갑자기 세상을 떠난 것이다.

원산대부흥의 주역 하디도 두 자녀를 한국에 묻었다. 하디와 함께 부흥운동을 이끈 개성의 크램(Willard G. Cram, 한국명 기의남)도 1903년에 태어난 아들이 두 살 때 병으로 죽어 양화진에 묻혔다. 동료였던 저다인의 아들도 태어나서 단 하루밖에 살지 못했다.

기쁨과 슬픔, 고통과 안식, 질병과 치유, 출생과 사망이 날줄과 씨줄로 엮이는 인생의 모든 일 가운데, 선교사들은 사랑하는 동역자와 아이들을 잃을 때면 슬퍼

하면서도 고백했다. "지혜가 충만하신 하나님의 섭리에 겸손히 순종하며 경배하고 한국에서 하나님의 영광이 더욱 높아질 것을 믿습니다."[24)]

루비 켄드릭(Ruby Rachel Kendrick, 1883-1908)은 미국 남감리회의 여선교사이다. 1907년 9월, 24세의 처녀로 부흥의 물결이 퍼져가던 한국에 파견되었다. 그녀가 텍사스에 살던 부모에게 보낸 편지가 남아있다.

"이곳 조선 땅에 오기 전, 집 뜰에 심었던 꽃들이 활짝 피었다는 소식을 들었을 때, 하루 종일 집 생각을 했습니다. 욕심쟁이 수지가 그 씨앗을 받아 동네 사람에게 나누어 주다니 너무나 대견스럽군요.

이곳은 참 아름다운 곳입니다. 모두들 하나님을 닮은 사람들 같습니다. 선한 마음과 복음에 대한 열정으로 보아 아마 몇 십 년이 지나면 이곳은 주님의 사랑이 넘치는 곳이 될 것 같습니다. 저는 복음을 듣기 위해 20Km를 맨발로 걸어오는 어린 아이들을 보았을 때, 그들 안에 있는 하나님의 사랑 때문에 오히려 위로를 받습니다.

그러나 한편에서는 탄압이 점점 심해지고 있습니다.

그저께는 주님을 영접한지 일주일도 안 된 서너 명이 끌려가 순교했고, 토마스 선교사와 제임스 선교사도 순교했습니다.

선교본부에서는 철수하라고 지시했지만 대부분의 선교사들은 그들이 전도한 조선인들과 아직도 숨어서 예배를 드리고 있습니다. 그들은 모두가 순교할 작정인가 봅니다.

오늘밤은 유난히도 고향으로 돌아가고 싶습니다. 외국인들을 죽이고 기독교를 증오한다는 소문 때문에 부두에서 저를 끝까지 말리셨던 어머니의 얼굴이 자꾸 제 눈앞에 어른거립니다.

아버지 어머니, 어쩌면 이 편지가 마지막일 수도 있습니다. 제가 이곳에 오기 전 뒤뜰에 심었던 한 알의 씨앗으로 인해 내년이면 온 동네가 꽃으로 가득하겠죠? 그리고 또 다른 씨앗을 만들어 내겠죠?

저는 이곳의 작은 씨앗이 되기로 결심했습니다. 제가 씨앗이 되어 이 땅에 묻히게 되었을 때 아마 하나님의 시간이 되면 조선 땅에는 많은 꽃들이 피고 그들도 여러 나라에서 씨앗이 될 것입니다.

저는 이 땅에 저의 심장을 묻겠습니다. 바로 이것은

조선에 대한 저의 열정이 아니라 조선을 향한 하나님의 열정이라는 것을 알게 되었습니다. 어머니 아버지, 사랑합니다."

그녀의 첫 임지는 개성이었다. 어학을 배우는 기간이었지만, 기회가 될 때마다 복음을 전했다. 그런데 얼마 안 돼서 전염병에 걸렸다. 미국에 있었으면 전염병 같은 것에 걸리지도 않았을 것이다. 설령 걸렸어도 병원가면 금방 나을 수 있었다.

하지만 한국에는 병원이 드물었다. 개성에서 병에 걸렸는데, 그곳에는 병원이 없었다. 급하게 서울로 옮겨서 입원을 했지만, 이미 늦었다. 시시각각 다가오는 죽음을 기다리면서 그녀는 고향 텍사스의 청년회원들에게 유언과 같은 편지를 보냈다.

"만약 나에게 천 개의 생명이 있다면, 천 개를 모두 한국을 위해서 바치겠습니다. 만약 내가 죽으면 청년회원들에게 10명씩, 20명씩, 50명씩 아침저녁으로 한국으로 오라고 전해주십시오."

결국 1908년 6월 19일, 한국에 도착한 지 9개월 만에 루비 켄드릭은 스물다섯의 꽃다운 나이에 죽었다. 그녀의 소원에 따라서 선교사의 심장은 한국 땅에 묻혔다. 그녀의 편지를 받은 텍사스의 청년회원들에게 성령께서 큰 감동을 주셨다. 한 지역의 청년회에서 3년만에 20명의 청년이 선교사로 자원했다. 20명이 "가는 선교사"로 헌신했고, 남아있는 청년들은 "보내는 선교사"가 되었다.

루비 켄드릭의 고향 청년회가 서울 양화진에 묘비를 세웠다. 묘비에는 꽃처럼 떨어진 처녀 선교사의 유언이 새겨져있다. "만약 나에게 천 개의 생명이 있다면, 천 개를 모두 한국을 위해서 바치겠습니다."

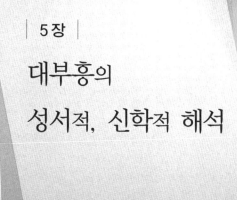

| 5장 |

대부흥의
성서적, 신학적 해석

▲ 1900년대 초, 평양의 모습

조선조 500년간 차별 당했던 "한국의 갈릴리" 서북지역에서 부흥이 일어났다.

▲ 최초의 선교사, 이기풍

대부흥의 결과, 선교가 시작되었다. 마펫 선교사에게 돌을 던졌던 깡패 이기풍이 첫 선교사가 되어서 제주도로 파송되었다.

조선의 갈릴리, 평양에서 일어난 부흥

1910년에 열린 에든버러 세계선교대회는 한국에서 일어난 대부흥의 성격을 다음과 같이 규정했다. "지난 몇 년간 한국 선교 역사의 가장 현저한 특징은 한국의 대부흥(Korean Revival)이었다. 그것은 진정한 오순절이었다. 5만 명의 한국 기독교인은 정화시키는 부흥의 불을 통과했고, 그 경험을 통해 오늘 한국교회는 죄의 무시무시한 성격, 구원하시는 그리스도의 능력, 기도의 효능, 하나님의 내재를 알게 되었다."

"진정한 오순절"로 평가받은 한국의 부흥운동은 사도행전의 오순절 성령강림 사건과 너무나도 유사하다. 사도행전은 부활하신 예수님이 승천하시는 장면으로 시작한다. 예수님은 감람산에서 승천하셨다. 하늘로 올라가는 예수님의 모습을 120명의 제자들이 지켜보

있다.

너무나 신비한 광경에 넋을 잃고 쳐다보는데, 천사들이 나타났다. "이르되 갈릴리 사람들아 어찌하여 서서 하늘을 쳐다보느냐 너희 가운데서 하늘로 올려지신이 예수는 하늘로 가심을 본 그대로 오시리라 하였느니라"(사도행전 1.11).

보통 성경에 "갈릴리 사람"이라고 하면 "갈릴라이오스"라는 단어가 나온다. 그런데 이 구절에서만 "안드레스 갈릴라이오이"를 사용했다. 성경 전체에서 딱 한 번만 쓰인 단어이다.

대부분의 구절에서 쓰인 "갈릴리인"과 사도행전 1장 11절의 "갈릴리 사람"은 어떻게 다를까? 갈릴라이오스는 그냥 갈릴리에 사는 사람이다. 꼭 갈릴리에서 태어나지 않아도 된다. 다른 지역에서 다른 문화를 받아들이면서 성장해도 된다. 현재 갈릴리에 살면 모두 "갈릴리인"에 해당된다.

이와는 대조적으로 사도행전의 "갈릴리 사람"은 갈릴리에서 태어나서 자라난 사람들이다. 갈릴리 사투리를 쓰고 갈릴리의 문화에 젖어있는 이들이다. 예수님의 제자들은 갈릴리 토박이요 갈릴리 출신이요 갈릴리 스타일이었다. 성경은 갈릴리에 대해서 증언한다.

"스불론 땅과 납달리 땅과 요단 강 저편 해변 길과 이방의 갈릴리여 흑암에 앉은 백성이 큰 빛을 보았고 사망의 땅과 그늘에 앉은 자들에게 빛이 비취었도다 하였느니라"(마태복음 4.15-16)

갈릴리의 별명은 "이방의 갈릴리"였다. 그곳은 흑암, 사망의 땅, 그늘이었다. 소외된 자, 가난한 자, 억눌린 자, 못 배운 자들의 고향이었다. 당시 빈민들이 모여 살던 갈릴리는 가난과 무지와 보잘 것 없음의 상징이었다.[25]

오순절에 마가의 다락방에서 기도에 힘썼던 이들은 갈릴리 사람들이었다. 흑암의 땅에 묶여있던 자들에게 성령이 임했다. 사망의 그늘에 앉아있던 자들이 예루살렘과 온 유대와 사마리아와 땅 끝까지 이르러 하나님 나라 복음을 전하는 증인들이 되었다.

평양은 조선 500년간 차별 당했다. 서북민(西北民)들에 대한 차별에 항의하여 1811년 홍경래(洪景來)가 반란을 일으키기도 했다. 청일전쟁과 러일전쟁 때는 외국군의 침략과 방화로 폐허가 되었다. "평양 기생"으로 유명했던 음란의 도시이기도 했다.

그러나 기독교의 전래와 함께 평양은 조선의 갈릴리가 되었다. 대부흥 당시의 조선인들도 그 점을 분명히 인식하고 있었다. 〈그리스도 신문〉 1906년 2월 8일자에 김원근의 글이 실렸다. "하늘 벼슬이 사람의 벼슬보다 나음"이라는 제목 자체가 의미심장하다.

"우리나라 500여 년에 서관(西關)은 특별히 활이나 쏘고 말이나 다니는 곳으로 대접하여 업신여기고 그곳 사람은 나랏일에도 참예치 못하게 하였으니 500년 이래로 우리나라 정부의 교육과 사랑은 받지 못하였으므로 그 백성들은 바라고 믿을 데가 없어 점점 죄악에만 침륜되었더니,

다행히 하나님의 참 이치와 예수 씨의 참 빛이 어두운 백성에게 밝게 비취사 전에 잘못한 것을 다 회개하고 믿는 형제가 많이 일어나서 서로 사랑하고 서로 권면함으로 더럽던 땅이 깨끗하여지고 어둡던 곳이 밝아져서 교회가 흥왕함이 한일청(韓日淸) 삼국에 으뜸이 되었으니,

세상 사람은 500년을 업신여기고도 오히려 교만한

마음이 남았거늘, 저 사람에게 업신여김을 받았던 사람들이 회개하고 하나님을 믿은 후 10년 동안에 하나님의 사랑과 은혜 받은 것을 말로 다 할 수 없도다."

이방의 어둠에 잠겨있던 평양이 복음이 전파된 지 10년 만에, 한중일 삼국에서 으뜸가는 기독교 도시가 되었다. 비천한 갈릴리 사람들에게 성령이 임했던 것처럼, 평양에서 세상을 뒤흔든 거대한 부흥이 일어났다. "한국의 소돔"으로 불리던 평양이 거룩한 도시가 되었다.26)

오순절, 죄를 이기는 성령의 강림

이스라엘은 본래 이집트의 노예였다. 비참한 노예로 고생하고 있던 그들을 하나님이 구출해주셨다. 이 사건을 기념하는 절기가 유월절이다. 유월절에 이스라엘 민족이 이집트에서 탈출했다. 그리고 50일이 지났을 때, 시내산에 도착했다.

그곳에서 하나님이 이스라엘에게 율법을 주셨다. 하나님의 백성답게 살아갈 수 있도록 말씀을 주시고 십계명을 주시고 율법을 선물하셨다. 율법을 받은 날은 유월절에서 50일이 지난날이다. 우리말에 10일을 "순"이라고 한다. 10일이 순이기에, 50일은 오순이다. 그래서 유월절에서 50일이 지난날이 오순절이다. 구약에서는 오순절에 율법을 받았다. 신약에서는 바로 그 오순절에 성령이 내리셨다. 그것은 율법을 지킬 수 있는 능력은 오직 성령을 통해서 받아야함을 가르친다.

무엇이 옳은 지는 다 안다. "하나님과 세상을 겸하여 섬기지 말라"는 말씀을 머리로는 안다. 하지만 끊임없이 밀려오는 세상의 유혹에 굴복할 때가 많다. "이웃을 사랑하라"는 말씀도 안다. 하지만 사랑하기가 너무 어렵다. 사랑할 힘은 모자라고 미워할 힘은 넘쳐난다.

삶의 절실한 문제는, 알면서도 행하지 못한다는 점이다. 옳은 일을 행할 능력, 바른 길을 걸어갈 능력, 올바른 삶을 살아갈 능력이 우리에게 없다. 그래서 하나님은 율법을 주신 오순절에, 성령을 부어주셨다. "하나님이 말씀하시기를 말세에 내가 내 영을 모든 육체에 부어 주리니"(사도행전 2.17).

여기에 쓰인 "부어준다"는 말은 "맹렬한 폭우가 쏟아진다"는 뜻이다. 오순절에 성령이 소나기처럼 쏟아졌다. 성령의 장대비가 퍼부어졌다. 폭우가 쏟아지고 소나기가 퍼붓고 장대비가 내리는 것처럼 성령의 능력이 임했다. 그 능력이 있어야 한다. 내 힘만 가지고는 안된다. 성령의 능력이 임해야 비로소 하나님만 섬길 수 있고 사랑할 수 있고 용서할 수 있다.

조선의 기독교 선구자들은 죄와 성령의 관계를 정확하게 인식하고 있었다. 대부흥이 일어나기 전, 1898년 5월 26일자 〈그리스도 신문〉에 "성령강림론"이 실렸다.

"다시 죄를 짓지 아니할 힘과 악을 고쳐 선을 행할 힘은 성령감화를 얻는 것 외에는 없나니 우리가 어찌 일심으로 간구하지 아니하리오. 우리 주 예수 그리스도를 믿는 형제들은 성부 성자 성령 삼위께서 다 각각 공용하시는 은택을 깊이 생각하여 오늘부터 경향 간에 회당마다 일심으로 성령강림하시기를 간구할 것이라."

죄를 이기는 구체적인 방법이 회개이다. 성령이 임하시면 말씀이 칼이 되어 찔러온다. 베드로의 설교를

들은 청중들의 반응이 그랬다. "그들이 이 말을 듣고 마음에 찔려"(사도행전 2.37)

"찔린다"는 단어는 강력한 의미이다. "칼로 베어낸다. 사무치도록 고통스럽게 찌른다. 마구 찔러서 통렬하게 아프다"라는 뜻이다. 사람은 끊임없이 자신을 숨기려고 한다. 누구에게나 감추고 싶은 비밀이 있다. 수치스럽고 부끄럽고 지저분한 면이 있다. 그걸 다 드러낸다면 죽기보다 괴롭다. 그래서 평생 동안 자신을 감추면서 살아간다. 학벌로 감추고 돈으로 감추고 교양으로 감춘다.

모두가 감추고 싶어 하는 부분, 그것이 바로 죄이다. 누구에게나 죄가 있고 죄로 말미암은 부끄러움이 있다. 그걸 어떻게 하든지 감추어야 한다. 그런데 성령의 역사는 감추려는 마음을 깊숙이 찌른다. 칼로 베어버린다. 드러내기 싫은 죄를 폭로해버린다.

사도행전에 기록된 찔리는 현상이 대부흥을 통하여 한반도에 재현되었다. 1907년 평양대부흥은 1903년 원산 집회 이래로 계속해서 일어났던 영적 각성의 절정이었다. 이 각성 운동의 중요한 특징은 죄의 고백이었다. 부흥에 참여한 선교사들의 기록에는 유사한 표현이 반복된다.

성령이 역사하심에 따라 "지은 죄가 드러나고 (revealing sin)", "죄를 자각하고(conviction of sin)", "죄 짐에 짓눌려서 크게 울고(wept under a burden of sin)", "심한 고통 속에서, 마룻바닥을 치고 옷을 쥐어뜯으며, 죄를 고백하고(confessing their sin in great agony)", "진심으로 뉘우치고(truly repent)", "죄 용서를 탄원(pleading for forgiveness)"하였다.

그 후에 죄 용서의 기쁨을 얻고, "말씀 안에 있는 영원한 생명(the eternal life which is in the Word)"을 발견하고, 죄악의 사슬을 끊어 믿음 안에서 "평화를 얻게 되었다(transformed into peace)"[27)]

죄 고백은 치유사건이었다. 죄로 말미암아 병들어 있던 인간의 내면이 죄를 인식하고 고백하면서 밖으로 드러났고, 뉘우치며 회개하는 과정을 통해 치유되었다. 죄 고백의 열매는 삶의 변화로 나타났다. 부정직에서 정직으로 돌아섰다.

죄의 고백에는 이처럼 윤리성이 이미 내포되어 있었다. 또한 죄의 고백은 사회적 차원으로 일어났다. 미워하던 사람들이 감싸 안으며 서로 자신의 잘못을 인정하며, 용서하고 용서받았다. 죄 고백을 통한 하나님과의 화해가 사람과의 관계성 회복으로 이어졌다. 그것은 오직 성령으로만 가능한 역사였다.

복음주의 신학과
부흥에의 열정

마틴 로이드 존스는 부흥의 조건으로 "바른 신학"을 강조한다. 부흥은 하나님이 일으키시는 역사요 성령이 임하시는 역사요 말씀과 기도를 통한 회개의 역사이다. 하나님의 주권적인 섭리를 부인하고, 성령의 초월적인 사역을 부인하며, 예수 그리스도를 믿음으로 받는 구원의 교리를 부인하면, 부흥의 기본 조건이 성립되지 않는다. 성경을 하나님의 말씀으로 인정하지 않고 기도의 능력을 믿지 않으면, 부흥이 일어날 수 없다.

그러므로 부흥은 올바른 신학을 전제한다. 삼위일체 하나님에 대한 믿음, 성경을 하나님의 말씀으로 받아들이는 교리, 기도의 능력에 대한 확신이 있어야 한다. 자유주의 신학, 인본주의 신학, 복음의 능력을 부인하는 신학이 뿌리 깊은 곳에서는 오로지 인간의 사역만이 가능하다. 하나님이 역사하시려면, 하나님을 하나님으로 인정해야 한다. 죄 용서함을 받으려면 먼저 죄를 죄로 인정해야 한다. 부흥이 일어나려면, 부흥을 사모해야 한다.

대부흥의 주역이 된 선교사들은 뜨거운 복음주의자들이었다. 그들의 고국에서는 자유주의 신학이 물결치고 있었지만, 한국의 선교사들은 정통신학을 고수했다. 복음주의자이면서 동시에 그들은 부흥을 체험하고 부흥을 갈망했다. 선교사들은 19세기 말과 20세기 초 미국 전역에서 일어났던 부흥운동에 영향을 받았다.

미국 북장로교에서 파송된 선교사들은 주로 무디의 영향이 강했던 시카고에 위치한 맥코믹(McComic) 신학교 출신들이었다. 그들은 부흥운동에 긍정적이었다. 감리교 선교사들은 웨슬리 형제의 부흥운동 후예들이었다. 이들 역시 부흥에 지대한 관심을 갖고 있었다.

백낙준(白樂濬)은 장로교와 감리교 선교사들을 가리켜 "청교도적 열의와 웨슬리의 열정을 지닌 선교사들"

이라고 표현했다. 교회사에 가장 빛나는 정수(精髓)들인 청교도와 웨슬리의 후손들이 한국에 왔다. 라토렛도 한국교회의 급성장을 가능하게 만든 수많은 요인들 가운데 첫 번째로 선교사들의 열정을 꼽았다.

진실로 그들은 하나님의 축복이었다. 하나님을 사랑하고 부흥을 갈망하는 선교사들을 뽑아서 주님은 이 땅에 보내셨다.

오순절의 신자들에 대하여 짧막하지만 중요한 진술이 있다. "오로지 기도에 힘쓰더라"(사도행전 1.14). 우리네 삶은 욕망과의 싸움이다. 욕망은 언제나 현실적이고 구체적이면서도 강렬하다. 인간의 본능과 욕망을 따라 사는 것은 전혀 어렵지 않다. 죄의 본성을 타고난 인간은 가만히 내버려 두어도, 나이에 상관없이 죄의 길을 마냥 질주하게 되어 있다.

그러나 주님의 이끄심을 받는 것은 저절로 되지 않는다. 그것은 기도를 통해서만 가능하다. 대부흥은 기도의 열매였다. 에드윈 오르(Edwin Orr)는 평양의 신자들이 드렸던 기도를 "기도의 대양에서 밀려오는 파도소리"(the noise of the surf in an ocean of prayer)

와 같다고 했다.

1903년 원산부흥운동의 주역을 담당했던 하디는 말했다. "아무리 높은 이상도 영적인 힘이 없다면 수행하기 어렵다. 기억하라. 이러한 영적인 힘은 계속적인 기도로만 얻어질 수 있다. 우리의 체력이 날마다 음식물을 섭취함으로써 유지되는 것같이 우리의 영적인 강건함도 날마다 기도를 통해서만 유지될 수 있다. 이때 우리의 목적은 인간의 영광으로부터 하나님의 영광으로 그 초점이 바뀌어진다."[28]

성서적인 기도는 복음주의 신학 안에서 가능하다. 오직 예수의 이름으로 구원받을 수 있으며 하나님께 나아갈 수 있음을 믿을 때, 기도할 수 있다. 필자는 미국에서 사역하면서, "예수님의 이름으로" 기도하지 않는 많은 목회자들을 만났다. 그들은 자신의 본성을 향하여 기도했고 우주의 섭리를 향하여 기도했으며, 인류의 양심을 향하여 기도했다.

그래서 그들에게는 능력이 없었다. 교회는 생기를 잃었고 죽어갔다. 기독교 이외에도 구원이 있으니 전도는 하지 말아야 하고, 대신에 이웃 사랑은 열심히 해야 한다고 외쳤던 자들 덕분에, 교회는 약해졌다. 결국

이웃을 사랑할 힘도 없어졌다. 교회가 연이어 문을 닫으면서, 구제 사역도 줄어든다고 탄식하던 미국 교계 지도자들의 표정이 지금도 눈에 선하다. 지금의 한국 교회가 그 길을 따라가고 있다.

교회의
폭발적인 성장

오순절 당시 베드로의 설교는 원색적이었다. 청중을 향하여 일갈(一喝)했다. "너희가 죽인 예수를 하나님이 살리셨다!" 그의 설교를 들은 사람들이 세례를 받으니, 이 날에 신도의 수가 삼천이나 더해졌다(사도행전 2.41).

사도행전은 교회 성장의 본질을 보여준다. 있는 그대로의 복음을 전파했다. 듣기 좋게 각색한 것이 아니라 원색적으로 선포했다. 바로 당신이 죄인이라고, 당신이 예수를 죽였다고 직설적으로 설교했다. 복음을 들은 사람들의 마음에 찔림이 있었다. 칼로 베이는 것

같고 마구 찌르는 것 같은 아픔이 있었다.

바로 내가 죄인이라는 깨달음 때문에 괴로워하면서 복음을 받았다. 제발 나를 구원해달라는 간절한 심정으로 예수님을 믿었다. 제대로 선포된 복음과 제대로 믿은 성도들이 모여서 제대로 된 교회를 이루었다. 이것이 교회 성장의 원형이고 본질이다.

대부흥의 결과, 한국교회는 폭발적으로 성장했다. 1906년에서 1907년 사이에 장로교회의 세례자 수가 1만 2,506명에서 1만 5,097명으로 늘어 20%가 증가했다. 원입자(세례 받을 준비를 하는 결신자)는 4만 4,587명에서 5만 9,787명으로 늘어 34%가 증가하였다. 감리교회의 경우 증가율이 더욱 높다. 1906년에 1만 8,107명의 교인이 1907년에는 3만 9,613명으로 무려 118%나 증가하였다.

특히 고무적인 것은 부흥운동이 주일학교 학생의 급증으로 이어지게 되었다는 사실이다. 1904년에는 2만 명 미만이었던 북장로교의 주일학교 학생 수가 평양대부흥 직후인 1909년에는 거의 10만 명에 육박하게 되었다. 불과 5년 사이에 5배 정도의 성장을 가져왔다.[29]

양이 늘어나면 질은 떨어지기 쉽다. 오늘날에도 교회 부흥이란 명목으로 그리스도인의 기준을 지나치게 낮추는 문제가 있다. 하지만 대부흥 이후의 한국교회는 영적인 면에서나 윤리적인 면에서나, 높은 수준을 유지했음을 확인할 수 있다.

1907년 11월 29일부터 12월 1일까지 3일간, 경기도 한성골 새문안교회 당회의 문답기록이 남아있다. 당회 원들은 웰번(A. G. Welbon,) 목사와 송순명(宋淳明) 장로였다. 참석한 교우는 이여한 조사, 최덕준 조사, 이낙선 집사였다.

새문안교회 교우문답은 한 페이지에 6명씩 이름, 나이, 신앙 기간, 이전 문답 여부, 주소, 직업, 가족의 신앙 여부, 한글을 읽을 수 있는 능력, 특별히 기록할 사항, 그리고 문답 결과를 세례인(십자가로 표시), 원입인(세례받기 위하여 학습하는 자), 고대인(대기자) 등 세 가지로 나누어 기록했다.

기록을 살펴보면 세례의 문턱은 결코 낮지 않았다. 신앙 기간, 가족의 신앙, 성경을 읽을 수 있는 문자 해독 능력을 꼼꼼히 확인했다. 죄를 알고, 성경을 알고, 잘 믿고(주일 성수), 행위가 있는 자(술 안 먹고 우상을 거절한 자)에게만 세례를 주었다.

문답의 내용을 확인해보면, 한남이는 13세로 3년간 신앙생활을 했고 가족이 다 믿으며 유식하고 믿음과 생활이 일치하므로 세례를 주었다. 리병희는 24세의 남학생인데, "아는 것이 부족하고 주일을 온전히 지키지 못하므로" 원입교인 대기로 결정되었다. 김광현은 52세로 변호사였다. 교회에 나온 지 40일 정도이며 가족 4인 중 한 명만 믿고 성경과 교리 지식이 부족하지만, 행위가 있어서 원입교인으로 받아들여졌다.

3일간 56명이 문답을 한 결과, 원입인 36명(남 18명, 여 18명), 세례인 8명(남 5명, 여 3명), 고대인 12명(남 8명, 여 4명)으로 결정되었다. 불과 14%만이 세례인이 된 것으로 보아 문답이 까다로웠음을 알 수 있다. 1907년 전후 한국 교회가 급성장할 때, 성장이 '거품'이라는 비판이 제기되었으나, 사실이 아님을 알 수 있다. 학습, 세례 문답만 보아도 엄격한 기준을 적용하여 교인을 선별적으로 등록시켰음을 확인할 수 있다.

오늘날의 풍토와 비교해보면, 분명한 차이가 있다. 주일을 온전히 지키지 못하거나, 성경과 교리 지식이 부족하다는 이유로 세례를 받지 못한 경우를 지금은 찾아보기 어렵다. 오히려 예수님을 믿는다고 말만해도 무턱대고 세례를 주는 경우가 허다하다.

우리의 초대교회는 질을 지켰기에 양적으로도 폭발했다. 언제부터인가 질을 포기하면서 양만 늘려나갔다. 이제는 질도 양도 잃어버린 시대로 접어들고 있다. 뿌린 대로 거두는 법이다.

장로 장립에서도 엄격한 기준은 유지되었다. 서상륜(徐相崙)은 한국 기독교의 전설적인 인물이었다. 만주에서 로스 선교사를 만나서 한글성경 번역에 참여했다. 1884년에는 한국교회의 효시가 된 소래교회를 개척했다. 1907년 서울 승동교회는 투표로 서상륜을 장로로 선출했다.

하지만 평양에서 열린 장로회공의회는 서상륜의 장로 피택 건이 담긴 보고서를 '교회정치위원회'로 넘겨 검토하도록 했다. 동 위원회는 전체 교회를 위해 서상륜의 장로 피택을 반대했다. 서상륜이 교회 직분을 맡을 자격이 없는 '일부다처자(一夫多妻者)'라는 이유 때문이었다. 결국 서상륜은 승동교회의 '피택 장로'로 머물고 '안수 장로'는 되지 못했다.

따지고 보면, 그는 시대의 피해자였다. 당시에는 신랑과 신부가 얼굴도 보지 않고 결혼했다. 부모가 짝 지워 주는 대로 평생을 살았다. 하지만 서상륜은 로맨티스트였다. 믿기 전에 부모가 정해 준 아내를 취하지 않고 자신이 사랑한 여인과 평생 살았다. 정혼하고 수절하는 본처에게는 생활비만 주었다.

만일 그가 복혼(複婚)의 죄를 고백하고 선교사들의 지시대로 '둘째 처'를 버렸다면 장로는 물론 한국 장로교회 역사상 첫 목사가 될 수 있었다. 하지만 그는 사랑을 선택했다. 그것이 기독교인으로서 책임 있게 사는 길이라고 판단했기 때문이다. 그래도 한 여성을 불행하게 만들었다는 자책감은 평생 씻을 수 없는 상처가 되었다.

소래에 정착한 후, 의주에 거주하던 본처를 데리고 왔다. 가정생활은 함께하지 않았지만, 불편 없이 살 수 있도록 돌보아 주며 속죄의 길을 걸어갔다. 서상륜은 격변하는 시대의 톱니바퀴에 끼어서 찢겨야 했던 그리스도인의 아픔을 보여준다.

복음전도와 날 연보

"날 연보"는 복음전파에 결정적인 역할을 했다. 부흥회의 마지막 날에 참석자들은 복음을 전하는 데 시간을 드리겠다는 전도 서약, 날 연보를 작정하였다. 게일은 다음과 같이 평가했다. "하나님 나라를 직접적이고 긴급하게 확장하는 일에 있어서 이들 사경회와 부흥회의 가장 큰 결과는 한국인들이 날 연보라 부르는 것에서 발견될 수 있다. 집회 마지막 날 대예배 때 각 남녀는 축호 전도나 마을 전도에 아주 많은 날을 드리기로 서약한다.

자기 집이 길가에 위치한 한 사람은 지나가는 모든 사람에게 전도하였으며, 그들 대부분이 말씀을 즐겁게 받았다고 말했다. 다른 사람은 3주 동안 가가호호를 돌면서 200명에게 전도했으며 그들 중 50명이 믿었다. 이 전도의 결과로 한 교회에서는 50명의 여인들이 모여들었다."

부흥 집회에서 은혜를 받자, 전혀 사례를 받지 않고

자비를 들여가면서 복음을 전하는 일이 흔하게 일어났다. 일부 선교부에서 시행되던 날 연보는 부흥운동을 거치면서 점점 보편화되었다. 1908년부터는 부흥회나 사경회마다 날 연보 작성이 일반적인 현상이 되었다.

무어(Moore)는 말했다. "개인적으로 급료를 받지 않고 손에 손을 잡고 마음과 마음으로 행하는 전도 사역이 한국보다 더 많이 행해지는 곳이 이 세상에는 아무데도 없다고 감히 말할 수 있다."

민족복음화에 대한 열정이 하나의 운동으로 조직화되어 나타난 것이 1909년과 1910년 사이에 발흥했던 백만인 구령운동이었다. 백만인 구령운동은 클락의 말대로 "1907년의 대부흥운동과 맞먹는 또 하나의 커다란 복음 전도운동"이었다.

백만인 구령운동은 부흥운동의 직접적인 결과 가운데 하나였다. 부흥으로 모인 신자들이 전도에 앞장섰기 때문이다. 백만인 구령운동이 진행되는 동안, 모든 교단이 협력했다. 모든 사람을 복음과 접촉시키기 위한 노력이 기울어졌다.

부흥운동은 민족복음화가 단순히 꿈이 아니라, 얼마

든지 실현 가능하다는 사실을 깨닫게 했다. 한국교회는 기왕에 품고 있는 민족복음화의 비전을 백만인 구령운동이라는 모토 속에서 구현하고자 했다. 1909년 로버트 하크니스(Robert Harkness)가 작사한 "백만인 구령운동" 노래를 소개한다.

1절. 백만인을 예수께로! / 주여, 이것은 정말 가능한 일
　　백만인을 예수께로 / 주께는 불가능이 없네
　　주의 강력한 말씀이 / 죄인의 심령을 움직이고
　　성령께서 친히 / 생명의 말씀을 전하네

(후렴) 백만인을 예수께로
　　　주여, 우리의 심령의 소원을 들어 주소서
　　　백만인을 예수께로
　　　주여, 복음의 불길을 확산시켜 주소서

2절. 백만인을 예수께로 / 죄로 어두워진 이 나라에
　　백만인을 예수께로 / 주여, 이제 시작된 사역에
　　우리가 선한 종이 되어 / 주의 뜻을 행하게 하소서
　　우리에게 성령을 주소서 / 새 힘으로 채워 주소서

3절. 백만인을 예수께로 / 이 표어를 신실하게 외치세
백만인을 예수께로 / 마땅히 해야 할 주의 사역
한국이 울부짖는 소리보다 / 하나님은 더 강하네
어떤 악한 세력 무리도 / 주의 목적을 방해하지
못하네

대부흥과
선교의 출발

마펫 선교사는 1893년 처음으로 평양에서 전도여행
을 했다. 그때 깡패였던 이기풍(李基豊)은 선교사를 자
신의 손으로 깨끗하게 정리해야겠다고 생각했다. 다시
는 평양에 서양 선교사들이 머물지 못하게 하려는 각
오였다.

마펫이 노방전도를 할 때, 이기풍이 돌을 던졌다. 돌
은 서양인의 턱을 강타했다. 이때 선교사는 무릎을 꿇
고 기도하였다. 숨어서 이 모습을 지켜본 이기풍은 깜

짝 놀랐다. 이듬해인 1894년 청일전쟁이 일어났다. 사람들은 전쟁을 피해 떠나갔다. 이기풍도 평양을 빠져나가서 원산에 자리를 잡았다. 담뱃대에 한자를 쓰거나 그림을 새기는 일로 시간을 보냈다.

그러던 어느 날 스왈른 선교사가 이기풍 앞을 지나갔다. 이기풍은 선교사를 보는 순간, 마펫의 얼굴이 떠올랐다. 갑자기 '죽고 사는 것은 신령님께 맡기고 평양에 가서 선교사에게 용서를 구해야지.'라는 생각이 강하게 들었다. 그는 마펫에게 갔다. 무릎을 꿇고 용서를 빌었다. 선교사는 그를 일으키고 손을 붙잡고 기도해 주었다. 감동을 받은 이기풍은 그때부터 마펫 선교사를 돕는 전도인이 되었다.

이기풍이 회개하자, 그를 따랐던 깡패들도 마펫이 섬기던 장대현교회에 등록을 하고 열심히 출석했다. 이기풍은 조사(평신도 설교자)로 일하다가 평양 장로회신학교에 입학했다. 대부흥의 불길이 한창 타오르던 1907년 6월에 졸업하여 한석진, 길선주, 송인서, 방기창, 서경조, 양전백 등과 함께 최초의 한국인 목사가 되었다. 그의 사역지는 제주도였다.

당시만 해도 제주도는 육지와 다른 문화권이었다.

제주도로 파송되는 것은 국내 전도라기 보다 해외 선교에 가까웠다. 1908년 1월 11일 길선주 목사가 시무하는 장대현교회에서 이기풍 선교사 파송예배가 있었다. 한국인들의 노회가 처음 조직된 후 파송되는 첫 선교사의 파송예배가 부흥운동의 중심지 평양, 그것도 대부흥운동의 발원지 장대현교회에서, 부흥의 주역 길선주 목사에 의해 진행되었던 것이다.

우상과 미신의 굴레에 잠겨 있던 제주도 주민들은 한국의 첫 선교사 이기풍을 극심하게 박해했다. 그러나 혹독한 박해와 핍박에도 복음화에 불타는 이기풍의 의지를 꺾을 수는 없었다. 선교사에게 돌을 던졌던 그가 이번에는 주민들에게 돌을 맞았다. 죽음의 위협을 당하기도 했다.

온갖 고난을 이겨내고, 3년 만에 이기풍은 제주도의 모든 한국인들로부터 대단한 사랑을 받는 인물이 되었다. 1911년 9월, 제 5회 독노회에 보고한 내용에 의하면, 이기풍 선교사는 제주도에 다섯 개의 예배 처소와 160명의 교우, 17명의 학생이 재학하고 있는 학교 하나를 설립했다. 위협과 박해 속에서 시작된 선교가 불과 3년 만에 그와 같은 결실을 얻을 수 있었던 것은 대단한 축복이었다.

제주도 선교의 눈부신 성공 이면에는 자신들의 집을 예배 처소로 내놓은 두 여인의 헌신이 있었다. 복음에 대해 배타적인 그곳에서, 예배 처소로 집을 내놓으면 마을로부터 매장된다는 것을 알면서도, 그녀들은 기꺼이 헌신했다.

대부흥의 주역인 길선주 목사는 선교에도 앞장섰다. 제주도로 이기풍을 파송한데 이어 1913년, 한국 장로교는 중국 산둥 성에 선교사를 파송했다. 그곳은 중국 문화의 발생지로 공자와 맹자의 출생지였다. 외국의 많은 선교사들이 찾아가 복음을 전했지만, 아무런 열매가 없었던 곳이었다. 길선주 목사는 선교사 파송을 앞두고 다음과 같은 기록을 남겼다.

"중국에 선교사를 파송한다는 것은 여러모로 힘에 겨운 일이다. 그러나 나라를 잃었을망정 국외에 선교하는 교회로서 세계 선교국의 일원이 된다는 것은 가장 의미 있는 일이다. 이는 이 땅 위에 하나님의 나라를 건설하려는 복음운동에 대한 한국교회의 의무인 동시에, 거저 받았으니 거저 주라는 말씀에 순종하는 믿음의 실천이다. 우리는 이를 위해 최선의 힘을 다할 뿐이다."

선교는 그냥 선교가 아니었다. 망한 나라의 교회가 보내는 선교였다. 그래서 눈물겨웠다. 비록 나라는 없어졌지만, 한국에는 교회가 있었다. 식민지의 어린 교회였지만, 힘에 벅차도록 사명을 감당했다. 독립국은 아니었지만, 선교국(宣敎國)이 되고자 했다. 그것은 효과적인 애국(愛國)이요 구국(救國)이 되었다. 조선이 중국에 선교사를 파송한 사실이 전 세계 기독교계에 보고되면서 강대국들의 인식이 달라졌다.

조선을 미개한 민족으로만 보던 이들이 새로운 눈으로 보기 시작했다. 고종 황제가 헤이그에 밀사를 보냈던 정치적인 호소에는 반응하지 않았지만, 중국에 선교사를 파송하여 선교국의 일원이 되었다는 사실에 서구인들은 관심을 가졌다.[30]

이런 서양 기독교인들, 특히 미국인들의 관심이 쌓여 훗날 우리는 그들의 도움을 받게 된다. 나라를 되찾았고 6.25 전쟁에서 엄청난 구호를 받았다. 울며 씨를 뿌리면, 기쁨으로 거두게 된다. 울더라도 뿌려야 산다.

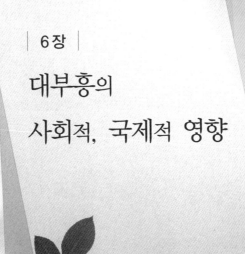

| 6장 |

대부흥의
사회적, 국제적 영향

▲ 사무엘 무어 선교사 가족

서울에서 백정들을 전도하여 교회를 세웠다.
무어는 인도의 타고르보다 먼저 한국을 가리
켜 "동방의 등불"이라고 표현했다.

▲ 만민공동회에서 연설하는 박성춘

백정출신으로 교회와 민족의 지도자가 되었다.
그의 아들이 최초의 서양식 의사 중의 한 사람으로
드라마 "제중원"의 모델이 된 박서양이다.

대부흥과 사회개혁

이승만은 복음 안에 변혁의 힘이 담겨있음을 분명히 인식했다. 그에게 있어 기독교는 사회 개혁의 원천이었다. 한성감옥에 갇혀있던 시절인 1903년 8월 〈신학월보〉에 이승만의 논설이 실렸다. "예수교가 대한장래의 기초"라는 제목에는 그가 일생을 두고 추구했던 철학이 담겨있다.

"이 세대에 처하여 풍속과 인정이 일제히 변하여 새 것을 숭상하여야 할 터인데, 새것을 행하는 법은 교화로써 근본을 아니 삼고는 그 실상 대익(大益, 큰 이익)을 얻기 어려운데, 예수교는 본래 교회 속에 경장(更張, 크게 고침)하는 주의를 포함한 고로 예수교 가는 곳마다 변혁하는 힘이 생기지 않는 데 없고, 예수교로 변혁하는 힘인즉 피를 많이 흘리지 아니하고 순평(順平)히 되며 한번 된 후에는 장진이 무궁하여 상등(相等) 문명에 나아가나니, 이는 사람마다 마음으로 화하여 실상에서 나오는 까닭이라.

우리나라 사람들이 마땅히 이 관계를 깨달아 서로 가르치며 권하여 실상 마음으로 새것을 행하는 힘이 생겨야 영원한 기초가 잡혀 오늘은 비록 구원하지 못하는 경우를 당할지라도 장래에 소생하여 다시 일어서 볼 여망이 있을 것이오...."

이승만의 지적처럼, 기독교에는 "경장(개혁)하는 주의"가 포함되어 있었다. 1913년 망명지 하와이에서 쓴 『한국교회 핍박』에서는 기독교 안에 있는 혁명성을 강조했다.

"모든 사람이 다 하나님의 동등자녀 되는 이치와 사람의 마음이 악한 풍속과 어리석은 습관과 모든 죄악에서 벗어나서 자유롭게 활동하는 이치를 다 밝히 가르쳤으니 신약을 공부하는 사람은 자신도 모르게 혁명사상을 얻는 것은 과연 그 책이 진리를 가르치며 진리는 사람의 마음을 자유롭게 하기 때문이다."[31]

이승만이 말하는 혁명은 "모든 사람이 다 하나님의 동등자녀 되는 이치"였다. 양반과 상놈, 남자와 여자의 차별이 극심했던 조선 사회에서 대부흥이 일으킨 변혁이 바로 그것이었다.

초기의 한국교회에는 천민인 '쟁이'들이 많았다. 그래서 사람들은 예수교인을 '예수쟁이'라고 불렀다. 유교 신분제 사회에서 교회는 개혁적인 공동체였다. 양반과 상놈이 함께 예배당에 모여 한 하나님께 찬양하고 기도했다. '상놈 언어'인 한글로 된 성경을 함께 읽고 공부하며 평등을 지향한 종교 공동체였다. 하지만 뿌리 깊은 신분제는 교회에서도 여러 가지 문제를 낳았다.

1893년 미국 북장로교 선교사 무어(S. F. Moore, 한국명 묘삼열)가 서울에 곤당골교회를 세웠다. 이 교회는 백정들이 모이는 교회였다. 그런데 가끔 양반들도 서양문화를 접하고 싶어서 출석하여 예배를 드렸다. 기독교에 호감을 갖게 된 양반들이 선교사에게 요청했다. "우리 양반들을 위해서 따로 앞자리를 마련해 주십시오." 무어 선교사는 정중히 거절했다. "예수 안에서는 양반 천민 구별이 없습니다. 우리는 모두 하나님의 자녀이고 한 형제이기 때문입니다. 따로 자리를 마련해 줄 수 없습니다."

거절당한 양반들은 홍문삿골교회를 설립하여 따로

예배를 드렸다. 그런데 교회당에 불이 나서 흔적도 찾아 볼 수 없을 정도로 다 타버렸다. 난감해하는 양반 신자들을 무어 선교사가 설득하여, 양반교회와 백정교회를 합치게 했다. 우여곡절 끝에 세워진 교회가 승동교회(勝洞敎會)였다. 승동교회에서 양반과 천민이 함께 예배드렸다.

그런데 장로를 선출하는 과정에서 또 문제가 생겼다. 투표한 결과 양반은 한 사람도 안 되고 백정인 박성춘(朴成春)이 장로로 선출되었다. 이에 양반들은 천민 밑에서 신앙생활 할 수 없다며 소안동교회를 설립해 나갔다.

이처럼 신분제로 말썽이 많았던 서울에서 길선주 장로의 집회가 열렸다. 1907년 2월 17일부터 승동교회에서 서울장로교 연합 사경회가 열렸다. 연합집회여서 양반도 왔고 상놈도 왔지만, 함께 앉지는 않았다. 양반은 한 편에 앉고 상놈은 다른 편에 앉았다.

그런데 성령이 역사하시면서, 집회가 끝나기도 전에 양반과 상놈이 함께 앉게 되었다. 그들은 유교적 신분제를 버리고 기독교적 형제애(兄弟愛)로 한 마음이 되었다. 서울의 여자 신도들도 길선주를 통해 큰 은혜를 받았다. 그들은 감사한 마음을 표현하기 위해 돈을 모아 좋은 옷을 만들어 선물로 주었다.

서울의 양반들이 상놈과 동석(同席)했다는 것은 차별의 벽이 무너진 것을 상징했다. 또 서울 양반들이 평양에서 온 길선주 장로의 설교와 기도로 회개했다는 것은 부흥운동을 계기로 평양이 한국교회 지도력의 중심에 놓이게 되었음을 보여 준다. 조선 500년간 서울-평양의 지역 차별이 무너지고 그 역전이 시작되었음을 상징했다.

신분차별과 함께 철폐되어야할 악은 남녀차별이었다. 여자들은 인격으로 존중받지 못했고 교육받지 못했다. 인천에서 사역하던 감리교의 케이블(Cable, 한국명 기이부) 선교사에 의하면, 당시 "한국 여인은 글자를 아는 이가 일천 명 중에 불과 두 사람"에 불과했다. 여인들의 문맹률은 대단히 높았다. 1906년 6월 14일자 〈그리스도 신문〉은 케이블 선교사의 말을 인용하며, 당시 여인들의 교육을 천시하는 풍토는 가히 "세계에 드문 이야기"라고 지적했다.

선교사들은 처음부터 남자와 여자를 차별하지 않고 균등하게 교육의 기회를 제공했다. 여성들도 자신들에게 평등한 기회가 주어지기를 열망했다. 교육을 향한 여성들의 갈망은 부흥운동을 지나면서 더욱 강해졌다.

북감리교 선교사 스위러(R. E. Shearer)가 맡고 있던 공주에서만 6,000명의 여자들이 교육의 기회를 간절히 기다리고 있었다. 로빈스 여선교사가 운영하는 평양의 여학교에 300명 이상이 등록하였다는 사실이 당시 여성의 변화를 단적으로 말해 준다.

남존여비(男尊女卑)의 풍토가 강했던 당시, 한국의 부모들이 딸들을 학교에 보낸다는 사실은 혁명이었다. 혁명이 가능했던 것은 선교사들이 복음 앞에서나 교육에 있어서나 결코 남녀의 차별이 있을 수 없다는 확신을 처음부터 선교현장에서 실천해왔기 때문이었다. 그것은 결코 쉽지 않은 도전이었다.

기독교 교육과 인재양성

나라를 잃을 위기에 처하자, 조선인들은 교육에서

답을 찾으려고 했다. 특히 서양의 앞선 문명을 전해줄 수 있는 기독교 교육에 대한 관심이 높아졌다. 1907년 평양대부흥운동이 전국적으로 발흥하면서 미션 스쿨의 학생들이 눈에 띄게 늘어났다.

북감리교에서 평양의 경우, 1906년 13개 학교에 281명이 재학하던 것이 1907년에는 17개 학교에 473명으로 크게 증가했다. 1909년 케이블 선교사는 흥분을 감추지 못하고 보고했다. "우리는 교육 혁명의 한 가운데 있다!" 부흥운동을 통해 학교에 대한 필요성과 요구가 폭발적으로 증가했다. 학교를 설립하고 유지하는 과제는 선교의 가장 중요한 현안으로 떠올랐다.

대부흥 기간은 우리 역사에서 가장 많은 학교를 설립하게 된 시기가 되었다. 소위 '일교회 일학교' 운동이 일어나면서 교회가 학교를 세워 기독교 교육을 실천하고자 하였다. 1905년에서 1908년까지 장로교의 교회 수는 해마다 100-200개 정도 늘어났으며, 교회가 설립한 기독교 학교의 수도 해마다 같은 수치로 늘어났다.

교회 수 대비(對比) 학교 수를 계산해보면 1905년에는 33%였고, 1906년에는 40%, 1907년에는 51.6%, 1908년에는 60% 이상이었다. 이 수치가 말해주는 바

대부흥의 사회적, 국제적 영향

는 1905년에 평균 세 교회 당 소학교 하나가 설립되었다는 뜻이며, 2년 뒤 1907년에는 두 교회 당 소학교 하나 이상이 설립되었다는 뜻이다.

부흥운동을 지나면서 불과 7년 만에 초등학교는 무려 10배나 증가했다. 이와 같은 교육 분야의 놀라운 급성장을 가리켜 백낙준은 "교육 문예부흥"(the educational renaissance)이라고 불렀다.

실업학교의 설립 또한 시급히 해결해야 할 시대적 요청이었다. 케이블이 맡고 있는 선교구의 여러 곳에서 한국인들이 무려 1,400명이나 서명하여 실업학교를 설립해 달라고 공식적으로 요청했다. 상점마다 일본과 중국 제품들로 가득 찬 당시의 현실에서, 한국인들이 스스로 상품을 개발하고 만들어 낼 수 있도록 교육시켜야 한다는 사명의식을 모두가 느끼고 있었다.

남감리교의 윤치호가 중심이 되어 1906년 가을 14명의 학생으로 시작한 송도(개성) 실업학교는 그와 같은 시대적 분위기 속에서 태동된 대표적인 학교였다. 설립 2년 만인 1908년에 재학생이 225명으로 늘어났고, 1910년에는 329명으로 불어났다.

한국의 전통적인 교육에서는 실업교육도 없었고 신체를 단련하기 위한 교과도 없었다. 지식 위주의 교육, 유교경전 중심의 지적인 교육이 중심이었다. 선교사들이 한국에 들어와서 학교를 설립하면서 "체조(체육)" 과목이 개설되었다.

경신학교는 1891년에 학교 이름을 "야소교학당"으로 바꾼 뒤부터 교과과정에 체조를 포함시켰다. 월요일부터 금요일까지 1교시(8:00-8:30)에 30분씩 체조를 가르쳤다. 배재학당도 초창기부터 체조를 가르쳤다. 1894년 4월부터는 학생 군사훈련을 시작했다. 아펜젤러(Appenzeller)가 목총(木銃)을 가지고 교련을 가르치기도 했다.

이처럼 배재학당은 체조시간을 군사훈련 시간으로 활용하여 나라의 역군을 양성하기 위하여 노력했다. 기독교 학교에서 가르친 체조는 다른 교과와 마찬가지로, 특히 1905년 이후 일어나는 비기독교 사립학교의 교과 편성에 직접적인 영향을 주었다.

기독교 전파, 문맹퇴치, 실업과 체육훈련을 위한 교육과 동시에, 구국(救國)의 리더를 길러내기 위한 교육도 함께 이루어졌다. 1910년 6월 22일부터 27일까지 서울의 진관사에서 제 1회 YMCA 학생 사경회가 열렸다.

강사로 언더우드, 이상재, 김규식, 길선주, 아비슨, 왓슨 등 지도적인 선교사들과 한국인 지도자들이 대거 참석했다. 참석자들은 10개 학교에서 엄격히 선별된 46명의 뛰어난 학생들이었다. 우수한 학생들을 철저하게 신앙으로 무장시켜, 장차 민족을 짊어지고 갈 능력 있는 기독교 지도자로 육성하겠다는 깊은 뜻이 내재되어 있었다.

선교사와 한국 지도자들은 기독교만이 나라를 구할 수 있는 유일한 소망이라는 확신, 그러므로 젊은이들의 영혼을 구원하는 것이야말로 가장 시급한 과제라는 확신을 갖고 있었다. 참가자들의 열정도 대단했다. 몇 명의 학생들은 집회에 참석하기 위해 무려 300마일(약 480Km)을 달려왔다. 여섯 교단에서 연합하여 영국인, 미국인, 일본인, 한국인을 포함한 4개국 16명의 강사진이 참여한 것은 대회의 중요성을 대변해 주기에 충분했다.

이상재는 독립운동 혐의로 옥살이를 하다가, 이승만의 전도를 받아 기독교인이 되었다. YMCA의 성경 교사로 섬겼던 그는 기독교 민족주의에 대한 비전을 청년들의 심령에 강하게 심어주었다. 민족주의와 기독교 신앙을 접목시켜, 기독교가 나라의 장래를 책임져야 한다고 확신했던 이상재의 강의는 젊은이들을 매료시키기에 충분했다.

사경회 내내 뜨거운 태양, 작렬하는 여름의 매서운 햇빛 속에서도 학생들과 어울려 야구를 하는 그의 모습은 감동적이었다. 브로크만(Brockman)은 다음과 같이 기록했다. "한국인 신사, 아직 어린아이 같은 겸손의 사람! 학생들 사이에 그의 영향은 대단했다."

기독교 교육으로 길러진 인재들은 독립운동의 주역으로 성장했다. 대부흥의 주역이었던 길선주와 두 아들의 생애는 기독교와 독립운동의 관계를 상징적으로 보여준다. 기독교가 급성장하자, 일제는 긴장했다. 독립운동의 구심점이 될 교회를 파괴하기 위해 계략을 꾸몄다. 기독교인들에게 총독 암살의 누명을 씌워 교회를 박해한 흉계가 105인 사건이다.

길선주의 큰 아들 진형은 신실하고 총명해서 아버지의 기대를 한 몸에 받았다. 중학교 교사로 일하던 그가 105인 사건에 휘말려 잡혀 갔다. 일본 경찰은 거짓 자백을 받아 내기 위해 비인간적인, 악독한 고문을 자행했다.

그것은 차마 인간으로서는 할 수 없는, 악귀의 만행이었다. 두 팔을 뒤로 묶어 대들보에 매달아 놓고 온갖 고통을 가했다. 가죽 채찍과 몽둥이로 후려갈기거나, 벌거벗겨 놓고 담뱃불로 손끝을 지지기도 했다.

온갖 고초를 겪고 풀려난 진형의 몸과 마음은 상할 대로 상했다. 결국 고문 후유증을 이기지 못하고 젊은 나이에 세상을 떠났다. 장남(長男)을 잃은 길선주는 마음을 추슬러 시(詩)를 지었다. "마음이 노니는 딴 세계"라는 시의 마지막 대목이다. "만사가 마음에 없고 성경 두 권이 있으니 / 내 이밖에 더 무엇을 구하랴" 기쁠 때나 슬플 때나, 그에게는 성경이 있었다.

한일합방의 충격에서 벗어나기도 전에 105인 사건이 터지자, 사람들은 격분했다. 조작으로 잡혀간 105명을 위한 애절한 통곡과 기도가 하늘에 사무쳤다. 성도들의 마음과 마음은 하나가 되었다. 교인들은 일제의 감시를 피해 종교적인 용어를 독립운동을 위해서 활용했다. "천당"은 독립 국가를 상징하는 말이 되었다. "믿음의 선한 싸움을 하라"는 정신무장을 하라는 뜻으로 해석되었다.

1910년 나라가 망했을 때, 길선주는 가족들과 함께 기도했다. "조국을 빼앗겼습니다. 선조와 우리의 잘못으로 당하는 이 수난의 날이 길지 않게 해 주옵소서. 이날의 아픔을 기억하시고, 이 아픔을 자손들에게는 물려주지 않도록 자비를 베풀어 주옵소서. 이 욕된 날을 속히 거두어 주시고 우리 민족에게 영광의 날을 보게 하여 주옵소서."

그는 교회에서 때마다 게양하던 태극기를 한지에 곱게 싸서 교회당 강당 위 천장에 숨겨 놓았다. 그리고 "이 국기는 잃었던 나라를 회복하고 자주독립하는 그 날에 게양하기 위해서 여기에 감추어 둔다"라는 글을 써 넣었다.

1919년 3.1운동이 일어났을 때, 길선주는 숨겨놓았던 태극기를 다시 꺼냈다. 장대현교회에서 태극기를 게양하고 독립선언서를 낭독했다. 민족 대표 33인의 한 사람으로 수천 장의 태극기를 만들고 독립 운동을 이끌었던 그는 체포되어 감옥에 갇혔다.

길선주의 둘째 아들 진경은 당시 18세였다. 그는 중

국어 신문과 영자 신문을 통해 국제 정세와 3.1운동에 관한 자료를 분석했다. 정보를 모아서 〈독립신문〉이라고 제목을 붙인 인쇄물을 찍어냈다. 일본 경찰은 〈독립신문〉의 출처를 집요하게 추적하여 진경을 체포했다.

세상을 떠난 형과 마찬가지로, 진경도 모진 고문을 당해 만신창이가 되었다. 온몸이 상하고 헐어 구더기가 날 정도였다. "감옥 옴"이라고 불리는 피부병까지 겹쳤다. 기왓장으로 몸을 긁었던 구약의 욥이나, 몸이 헐어 개들이 핥았던 신약의 나사로 같은 고생을 했다. 길진경은 징역 1년 6개월의 실형을 선고받고 복역했다.

대부흥의 주역인 길선주는 감옥에 갇혔고 그의 장남은 고문 후유증으로 죽었으며, 차남 역시 고문으로 망신창이가 되었다. 민족 복음화에 헌신했던 이들이 독립운동에도 앞장섰음을 보여준다. 하나님을 사랑하고 조국을 사랑했던 이들의 십자가 고난이었다.

한국인들의 꿈,
기독교 한국

　기독교로 나라를 새롭게 해야 한다는 비전을 처음 제시한 인물은 이승만이었다. 1898년 이 땅에 민주주의 국가를 세우기 위한 혁명을 모의하던 스물세 살의 이승만은 사형 선고를 받고 한성감옥에 갇힌다. "생지옥"이라고 불리던 그곳에서 고문당하여 으스러진 채로, 성경을 읽다가 기독교로 회심한다. 국내에서 개종한 첫 번째 개신교인이다.

　1899년 추운 겨울날, 이승만이 드린 첫 번째 기도는 "오, 하나님, 우리 조국을 구원해 주옵소서. 그리고 나의 영혼을 구원해 주옵소서"였다. 그의 기도는 언제나 깊은 감동을 준다. 고문으로 망신창이가 되어 죽을 날만 기다리고 있던 사형수의 입에서 튀어나온 첫 마디가 "나를 살려 주옵소서"가 아니었다, "우리 조국을 구원해 주옵소서"였다. 신앙의 출발지점에서부터 이승만의 꿈은 구원받은 나라, 기독교로 새로워지는 조국이었다.

예수를 믿고 성경을 읽으며, 기독교만이 나라를 살릴 수 있다는 신념은 더욱 분명해졌다. 감옥에서 쓴 글, 『청년 이승만 자서전』에서 이승만은 말한다. "오로지 남은 하나의 희망은 한국 사람을 거듭나게 하는 것이요 그 길은 기독교 교육이다. 나의 인생목적은 이 길을 위해 준비하는 것이었다."

당시의 조선은 비참했다. 세계에서 가장 가난한 나라, 길거리에 굶어죽은 백성의 시체가 널려있는 나라, 근근이 명맥만 이어오다가 일본에게 망해서 명맥마저도 끊어지기 직전의 나라였다. 아무런 희망이 보이지 않는 나라에서 마지막까지 남아있는 단 하나의 희망을, 죄수 이승만이 감옥에서 발견했다. 그것은 한국인들이 예수 믿고 거듭나는 것이었다. 민족의 희망은 이승만의 소명이 되었다. 그때부터 91년의 파란만장한 생애를, 기독교 국가 건설을 위해 불태우게 된다.

이승만은 기독교인들의 "편벽됨(견문이 좁고 한쪽으로 치우침)"을 경계했다. 그것은 신앙을 개인적인 차원에서만 활용하는 것이었다. 1903년 〈신학월보〉에 실린 "두 가지 편벽됨"에서 그는 주장했다.

"내 일신이나 돌아보아 교회 중에 육신의 평생을 부탁하여 가지고 세상 시비에 상관하지 말며 믿음으로써 일후에 영원한 복이나 구하리라 하여 전국 동포가 다 죽을 고초를 당하였다 하여도 조금도 동심치 아니하며 일국강토가 어찌 될는지 알 수 없다 하여도 들은 체 아니하며, 다만 기도하는 말은 '나의 몸을 구제하소서 나의 집안과 부모처자와 친척친구를 복 많이 주소서'할 뿐이라.

이 어찌 예수의 본의며 하나님이 기쁘시게 들으시는 바라 하리오. 이는 이른바 교에 편벽되기를 주의함이라."

이승만의 지적은 오늘날에도 정곡을 찌른다. 나라가 위태로워도 아무런 관심이 없는 그리스도인들이 너무 많다. 천지를 창조하신 하나님을 믿는다면서도, 기도의 제목은 자기 집 울타리를 벗어나지 못한다. 그저 예수 믿고 복 받아 가족들이 잘살면 된다. 기독교인이라기보다 가족신(家族神)을 섬기는 교도에 가깝다.

이승만은 기독교 신앙의 본질을 다음과 같이 논한다. "예수는 우리를 대신하여 돌아가시니 이는 세상을 구원하심이라. 우리가 남의 환란질고(患亂疾苦)와 멸망함을 돌아보지 아니할진대 우리의 신은 어디 있으며 우리의 일은 어디 있으리오, 마땅히 세상을 생각하며 나라를 생각하며 이웃을 생각할지라."

우리 시대에, 나라와 민족을 위한 기도회를 인도하고 나면, 참석자들이 이런 반응을 보인다. "이런 기도는 참 오랜만에 해요." 청년들은 촌스럽다고 평하기도 한다. 동성애, 이슬람, 종북의 위협에 대해서 기독교인들이 대응해야 한다고 하면 질문을 받기도 한다. "그런 거 다 생각하면서 어떻게 살아요?"

그들에게 이승만의 글을 대답으로 삼아 질문하고 싶다. "우리의 신은 어디 있으며 우리의 일은 어디 있으리오." 자기 자신과 기껏해야 가족 정도의 안위에만 관여하는 신을, 필자는 성경에서 찾지 못했다.

이승만이 평생을 바쳤던 신념이 "기독교 입국론"이다. 무너진 나라를 기독교로 다시 일으켜 세워야 한다는 주장이다. 그것이 대한민국의 건국이념이기도 하다. 이승만은 바른 종교에서 바른 정치가 나올 수 있음을 깨달았다. 정부의 근원은 교회였다.

"정치는 항상 교회 본의로서 딸려 나오는 고로 교회

에서 감화한 사람이 많이 생길수록 정치의 근본이 스스로 바로 잡히나니 이러므로 교화로써 나라를 변혁하는 것이 제일 순편(順便, 일이 순조롭고 편함)하고 순리(順理)된 바로다.

이것을 생각지 않고 다만 정치만 고치고자 하면 정치를 바로 잡을만한 사람도 없으려니와 설령 우연히 바로 잡는다 할지라도 썩은 백성 위에 맑은 정부가 어찌 일을 할 수 있으리오, 반드시 백성을 감화시켜 새사람이 되게 한 후에야 정부가 스스로 맑아질지니 이 어찌 교회가 정부의 근원이 아니리오."

아무리 정치가들이 우수해도, 교회를 통해서 백성들이 거듭나지 않으면, 한계가 있다. 썩은 백성 위에 맑은 정부가 설 수는 없다. 그래서 교회는 그저 종교단체에 그치지 않는다. 이승만은 교회가 정부의 근원임을 깨달았다.

이승만의 기독교 입국론은 한성감옥을 통해서 전파되었다. 그가 전도한 40여명의 정치범들은 멸망하던 조선을 구출하고자 몸부림쳤던 선각자들이요 애국자들이었다. 그들은 출옥한 후에 기독교 신앙으로 나라를 살리는 힘겨운 싸움에 평생을 바쳤다.

대표적인 인물이 "조선의 거인"으로 존경받았던 이상재이다. 이상재는 YMCA를 중심으로 기독교 인재 양성에 일생을 바쳤다. 그가 길러낸 인물들은 3.1운동을 비롯한 독립운동의 리더로 활약했다.

이승만의 전도를 받은 이준(李儁, 훗날의 헤이그 밀사)을 비롯한 한성감옥의 동지들은 출옥한 후에 상동교회에서 활동했다. 그들은 공옥학교를 통해서 체육, 지육, 덕육을 갖춘 애국자 양성에 힘썼다. 이에 대해 이승만이 1904년 11월 〈신학월보〉에 글을 썼다. "상동청년회의 학교를 실시함"에서 그는 말했다. "우리 힘과 우리 손으로 이 기회를 타서 이 나라를 예수 그리스도의 나라로 만들기로 힘써 일들 합시다."

대한민국이라는 나라를 세우기로 결심하고 그 꿈을 이루기 위해 고난의 대가를 지불하고 마침내 역사의 지평 위에 건국을 이루어낸 이승만의 건국이념, 한마디로 "예수 그리스도의 나라"였다.

1905년 9월 29일자 〈대한매일신보〉도 기독교 입국론을 주장했다. 예수교의 성장을 대세로 인정하고, 국가의 희망이 기독교에 있음을 천명했다. 기사의 제목은 "한국은 장차 예수교 신교로 일어날 것이다"였다.

"예수교회가 한국 땅에 유입된 이래로 유교 선비들이 극력 배척하고 공경 대인은 진토(塵土, 티끌과 흙)로 여겼지만 하늘이 장차 이를 흥하게 하므로 누가 이를 막을 수 있으리오. 지금 예수교가 점차 증진하는 모양이 실로 활발하고 크게 일어나는 기세라."

예수교의 흥왕은 하늘의 섭리이기에 막을 수 없다고 했다. 과거에는 관리의 탐학을 피해 교회로 왔으나, 이제는 일본의 학대를 피해 교회로 오는 자들이 많다고 했다. 예수교 입교자들은 청년 유지와 열혈 재사로 그들은 애국심, 동포애, 단결력, 자립심이 있다고 지적했다. 이들은 독립을 위한 무형(無形)의 강력(强力)이다. 따라서 한국은 장차 예수교로 인하여 자립할 것이라고 주장했다.

1905년 10월 11일자 〈대한매일신보〉는 이승만과 비슷한 논리를 펼쳤다. 이승만이 교회가 정부의 근본이며 교회에서 감화 받은 사람이 많아질수록 정치가 바로잡힌다고 말했던 것과 같이, 종교 개혁이 정치 개혁의 원인이라고 주장했다.

"구미 제국의 정치 개혁한 원인을 소급해서 찾아보면 그 종교 개혁으로 유래했으니 그런즉 세계 인심을 감화케 하는 효력이 종교보다 빠른 것이 없고 천지를 개벽하는 역량이 종교보다 더 큰 것이 없다.

야소교회가 생겨 평등과 자유의 주의를 창론(創論)하니 그 시초에 구교도의 학대를 견디다가 신교도의 견고한 불굴의 힘으로 점차 인심을 감화하여 자유로운 분위기를 양성하니 그 뜻이 한 번 바뀌어 영국이 개혁되고 두 번 바뀌어 미국이 독립을 이루고 세 번 바뀌어 독일이 혁신이 되었다."

한국이 유교에서 기독교로 개혁하면 정치도 개혁되고, 정치가 개혁되면 국가의 독립을 이룰 수 있다는 주장이다. 신문은 기독교를 국가의 희망이요 국민 계몽의 선도자로 지목했다.

을사늑약이 체결된 직후인 1905년 12월 9일자 〈대한매일신보〉에 "경고한민(警告韓民, 한민족에게 경고함)"이라는 논설이 실렸다. 기사는 망국의 비운을 기독교적으로 해석했다. "죄가 많아서 주권을 상실했다." 다시 살아날 길은 기독교였다. "국가를 부(富)하게 하고 민(民)을 강하게 하는 그리스도교를 숭봉할지어다."

이승만과 선각자들이 주장한 기독교 입국론은 단순한 희망사항으로 그칠 수도 있었다. 국민들이 복음을 거부하면 이루어질 수 없기 때문이다. 기독교 입국론이 현실화될 수 있었던 결정적인 계기가 대부흥이었다.

전국에 들불처럼 번져나간 부흥으로 수많은 사람들이 기독교를 받아들였다. 국가적 위기 속에서 받아들인 신앙은 자연스럽게 애국으로 이어졌다. 대부흥으로 폭발적으로 늘어난 신자들에게 기독교 입국론이 정치철학으로 자리 잡았다. 우리 역사의 암흑시대에 교회는 유일한 희망이 되었다. 밤이 깊을수록 별은 더 찬란하게 빛났다.

선교사들의 비전, "동방의 등불"

스크랜턴(Mary Scranton) 선교사는 이 나라 여성교육의 선구자이다. 그가 세운 학교는 1887년 국왕으로부터 "이화학당"이라는 명칭을 하사받았다. 스크랜턴의 교육 이념은 복음적이요 한국적이었다. 여학생들을 서양인들의 생활과 문화양식에 맞추는 것이 아니라, 그리스도와 그분의 가르침을 통하여 "더 나은 한국인"으로 만드는 것이 목표였다. 한국적인 것에 긍지를 가지는 한국인을 양성하고자 했다.

스크랜턴 이후의 학당장이었던 로드와일러(Rothweiler)도 비전을 계승했다. 그녀는 분명하게 말했다. "우리는 보다 나은 한국 사람을 만들려는 것이요 외국인을 만들려는 것이 아니다."

이화학당의 사례가 보여주듯이, 초기의 기독교학교들은 한국의 전통문화와 한글을 강조했다. 선교사들조차 학생에게 영어를 가르쳐 의사소통을 하려고 하지 않고, 한글을 학습하여 학생들을 가르치려 하였다. 장로교계 기독교학교교육의 대표적인 인물인 베어드(Baird)는 스스로 열정적인 한국인으로 살고자 했다. 자신의 자녀들에게도 영어에 앞서 한국어를 익히고 사용하도록 하였다. 한국인들보다 한국을 더 사랑한 고마운 분들이 많았다.

건학이념이 한국인 지도자 양성에 있었기에, 기독교학교는 민족교육의 요람으로 인정되었다. 기독교학교의 교육과정은 민족지도자의 양성에 맞추어져 있었다고 해도 과언이 아니었다. 하나님을 섬기면서 진리에 기초하여 사랑하고 섬겨야 할 대상은 다름 아닌 동족(同族)으로 해석되었기 때문이다.

따라서 한국인 교사들과 학생들은 일본 군국주의의 침략과 합병에 강렬하게 저항했다. 결과적으로 기독교 학교들을 통하여 수많은 민족지도자들이 배출되었다.

"더 나은 한국인" 양성에 몰두했던 선교사들에게 대부흥은 한국에 대한 새로운 발견이었다. 원산에서 시작된 부흥의 불길이 서울과 평양으로 번졌을 때, 모리스 선교사가 현장에 있었다. 1905년 6월 북감리교 연례모임에서 모리스는 한국에서 일어나는 놀라운 회개의 역사를 본국에서도 경험하지 못했다고 말했다.

미국 출신의 감리교 선교사들은 이미 19세기말부터 미국 전역에 일고 있던 성결운동이나 무디의 부흥운동으로 촉발된 영적 각성운동을 직접, 간접으로 체험했었다. 그런데도 본국에서는 그와 같은 영적 회개를 목도하지 못했다고 고백한 것은, 한반도에서 일어나고 있는 성령의 역사가 얼마나 강력했는지를 말해 준다.

복음을 전하여 회개시키려고 한국에 온 선교사들이,

오히려 한국에서 강렬한 회개를 체험하는 놀라운 현상이 벌어진 것이다. 대부흥으로 선교사들은 한국을 단순한 선교지 정도가 아닌, 부흥이 일어난 특별한 비전의 나라로 인식하게 되었다.

1905년 9월호 〈코리아 메소디스트(Korea Methodist)〉에는 한국 교회의 영적 각성과 부흥운동의 움직임을 예의 주시하면서 극동아시아 선교에서의 한국의 중요성을 밝힌 "한국, 극동의 팔레스타인"이라는 글이 게재되었다.

"이 모든 것에 있어서 거룩한 목적은 무엇인가? 하나님께서 어떤 목적으로 이 나라에 그의 능력을 그토록 놀랍게 현시하시는가? 하나님이 단지 한국만을 구원하시려고 그러시는가, 아니면 종국에 구원받은 한국을 발효시키기 위한 영적 누룩으로 삼으시려는 것인가?

우리는 그것으로 하나님께서 한국을, 황인종을 복음화하시기 위한 도구, 곧 어떤 다른 물질로부터도 만들어질 수 없는 그러한 도구로 만드시려는 계획이 있음을 믿으며, 그리고 우리는 한국인 전도자가 그의 백성들 가운데서 사역할 때처럼 수백만의 중국인들 가운데서 능력과 권세를 가지고 사역하는 것을 보는 그때, 그

날이 도래할 것이라고 믿는다."

드디어 선교사들은 한국에 하나님의 특별한 섭리가 있음을 깨달았다. 선교 받는 나라에 그치는 것이 아니라 선교하는 나라가 될 가능성을 발견했다. 동양을 기독교화할 영적인 누룩, 황인종을 복음화할 하나님의 도구, 이것이 한국에 대한 새로운 발견이었다. 하나님이 특별한 목적을 위하여 대부흥을 일으키셔서 한국을 구원하고 계심을 그들은 믿었다.

을사늑약이 체결된 직후, 나라가 무너지고 있었지만, 선교사들은 오히려 희망을 품었다. 한국을 "동방의 등불"이라고 표현했던 인물은 인도의 시성(詩聖) 라빈드라나드 타고르로 알려져 있다. 그가 일본을 방문했던 1929년 3월 28일 〈동아일보〉 기자에게 영어로 된 6행의 메시지를 적어주었다. 하지만 타고르보다 23년 앞서 한국을 "동방의 등불"로 예언한 인물이 있다. 서울에서 백정들을 전도했던 무어 선교사이다, 1906년 4월에 쓴 "The Vision and the Task"에서 그는 말했다.

"각 민족은 위대한 세계 역사에서 그들 자신들의 위치와 의무를 갖는다. 헬라는 세계에 미(beauty)를 주고 그 자신이 아름답지 못하기 때문에 사라졌다. 이스라엘은 세계에 종교의 기초를 제공하였으나 그가 세우지 않은 기초를 가졌기 때문에 사라지고 말았다. 그래서 각 나라는 세계의 발전에 각기 어떤 역할을 해 왔거나, 또는 할 것이다.

상업도, 산업도, 학문성도 이 민족에게 주어진 몫은 아니다. 그렇다면 한국이 세계에서 갖고 있는 중요한 사명은 무엇인가? 가난하고, 멸시받고, 압박받는 한국이 장차 동양에서 해야 할 역할은 상업도 학문도 아니다. 분명히 이것들보다 더 큰 역할은 '동방의 칠흑 같은 암흑적 상황에 기독교의 진리의 빛을 가져다 줄 하나님의 메신저'가 되는 것이다. 이 빛, 곧 이 빛만이 동양의 문제를 해결할 수 있다.

중국의 바시포드(Bashford) 감독이 말한 것처럼, 주(the master) 없는 승리(mastery)는 존재할 수 없고, 빛의 근원 없이는 빛이 존재하지 못하며, 등불 없이는 빛의 근원이 존재할 수 없다. 한국은 동방을 밝히는 유일한 등불, 곧 기독교 등불이 되어야 한다."

참으로 놀라운 글이다. 세계에서 제일 가난한 나라, 식민지로 전락하기 직전의 조선, 그중에서도 밑바닥인 백정들을 끌어안았던 선교사가, 한국의 비전을 발견했다. 바닥에서 하늘을 보았다. 그냥 등불이 아니라 기독교 등불이 되리라고 예언했다. 훗날 아시아 선교의 중심이 된 한국교회의 역사를 돌아볼 때 무어의 예언은 적중했다. 선교사는 민족의 예언자가 되었다.

대부흥이 전국을 휩쓸고 있던 1907년 가을, 선교사들은 한국인 남성과 여성들에게 가장 필요한 것이 무엇인가의 주제로 심포지엄을 열었다. 한국 남자들에게 가장 긴급하게 요청되는 것이 무엇인가라는 질문에 아담스 선교사는 다음과 같이 대답했다.

"한국에서 가장 필요한 것은 한국 민족이 하나님을 주로 고백하는 민족이 되는 것이며, 여호와를 경외하는 것이 모든 참된 이해의 기초이며 출발이고 주된 부분이라는 사실을 깨닫는 것이다."

이승만이 주장한 기독교 입국론, 이상재의 기독교 민족주의가 아담스 선교사에게서 "하나님을 주로 고백하는 민족이 되는 것"으로 표현되었다. 인종과 국적을 뛰어넘어 한국의 지도자들과 미국의 선교사들은 "기독교 한국"의 동일한 꿈으로 불타올랐다.

한국에서 일어난 부흥은 세계적인 뉴스가 되었다. 영국의 귀족이었던 윌리엄 세실 경은 〈런던 타임즈(London Times)〉에 기고한 글에서 평양대부흥과 웨슬리 부흥운동이 유사하다고 지적했다.

"웨슬리의 일기를 읽고 평양에 나타난 성령 강림의 기사를 비교해 보면, 이 두 현상이 아주 같다는 사실을 분명히 알게 될 것이다. 그 두 사건에는 비상한 권능이 나타났음을 볼 수 있다. 신자들은 이성보다 다른 힘에 의하여 죄를 깨닫고, 죄를 깨닫게 하시는 그 성령의 권능(the power)이 자기의 죄를 이길 뿐만 아니라, 다른 사람들에게도 확신시키는 힘(strength)을 제공하여 주었다.

이 초기 부흥회에 참석하였던 한인들은 웨슬리의 제자들과 마찬가지로 전도에 나서서 훌륭한 성과를 거두고 있으며, 기독교의 빛을 동양에 비추게 하는 과업은 한국을 통해서만 가능하리라는 말을 하는 사람들이 적지 않다."

당시의 영국은 "해가 지지 않는 나라" 대영제국의 위용을 간직하고 있었다. 멸망하는 약소국 한국에서의 부흥이, 대영제국의 귀족에게도 인정받는 장면이다.

한국이 동방의 등불이 되리라는 소망은 한국인들과 선교사들만이 아니라 서구의 지도자들에게까지 확산되었다. 1907년 이후 한국은 아시아에서 주목받는 국가가 되었다.

부흥운동은 한국인에 대한 선교사들의 이해를 변화시켰다. 한때 그들은 한국인을 기독교인의 삶이라는 '더 높은 곳'으로 인도하는 것이 불가능하다고 생각했다. 한국인의 처참한 도덕적 상태에 절망하기도 했다. 그러나 대부흥으로 진실한 회개와 변화가 수없이 일어나는 모습을 목격하면서, 그들은 한국인의 '가장 좋은 성품'과 '내면의 삶'을 발견했다. 한 선교사는 "동양은 동양이고 서양은 서양이기에, 둘 사이에는 실제적인 유사성이나 공통 기반이 있을 수 없다는 혐오스런 생각"에서 해방되었다고 고백했다.

선교사들은 식민 통치하에 있는 한국교회를 향한 비전을 발견했다. 한국교회를 "동양 세계를 밝힐 그리스도의 등불"이라고 칭송했다. 그들은 일본인에 의해 만들어진, 한국이 절망적인 나라이며 한국인은 게으른 민족이라는 관념을 거부했다.

한국을 재발견한 선교사들은 자발적인 민간 외교에도 앞장섰다. 휴가를 받아 고국에 돌아갔을 때, 한국은 부패한 관리와 무능한 지도자와 무식한 백성들 때문에 망할 수밖에 없고 다른 나라의 지배를 받아야 한다고 주장하는 친일 논설들을 발견하고 이에 항의했다.

노블은 평양 지역의 자치와 자전(自傳), 문명화의 징표인 자선 활동을 돕기 위한 헌금을 와이오밍 연회의 활동과 비교하면서 평양의 성과를 자랑했다. 그는 "이러한 몇 가지 사실들은 인내, 자기 부정, 지적인 활동, 기독교적인 열심에서 한국인이 어느 민족에게도 뒤지지 않는다는 것을 증명했다"고 주장했다.

기독교 입국론,
대부흥에 근거한 이승만의 외교(外交)

세계적인 명문 프린스턴에서 동양 최초의 국제법 박사가 된 이승만은 5년간 유학 생활을 했다. 영어 사전도 없던 시절, 영양실조에 시달려가며 공부하는 동시에, 시간이 날 때마다 미국인들에게 한국을 알렸다. 5년여의 유학 기간 중 140여회에 걸쳐서 강연을 했다. 강연은 주로 한국의 기독교를 소개하고 독립운동을 위한 지원을 호소하는 내용이었다.

1908년 3월, 한국에서 대부흥의 물결이 절정에 올랐을 때, 미국의 펜실베니아주 피츠버그에서 〈제1차 세계선교사대회〉가 열렸다. 이승만은 한국대표로 참석하여 3,000여명의 청중들에게 연설했다. 그는 한국이 처한 고난이 오히려 "한국의 기회"이며, "하나님의 기회"라고 주장했다. 왜냐하면 민족의 가장 비참한 상황에서 한국인들은 절대자의 도움이 필요하다는 것을 깨달았기 때문이다.

"그들은 어떤 지상의 권세로 그것을 할 수 없다는 것을 충분히 알았습니다. 그들의 부패한 정부는 정화되어야 하고, 그들의 심령과 힘은 새로워져야 합니다. 그러나 유교와 불교 모두는 그 일에 실패했습니다. 만약 한국이 구원받을 수 있다면 그것은 세상의 구주 예수 그리스도에 의해서이며, 그분만이 한국에 참 구원을 주실 수 있고 주실 것입니다."

당시의 상황은 "한국의 기회"이며 "하나님의 기회"이고 동시에 "미국의 자매와 형제 당신들의 기회"라고 이승만은 역설했다.

"나는 친구 여러분에게 감사합니다. 우리 한국 그리스도인들은 여러분들이 준 축복의 메시지에 대해 감사드립니다. 여러분의 선교사들은 한국인들에게 놀라운 사역을 이루었습니다. 그리고 한국인들은 너무도 고상하고 용감하게 응답했습니다. 그들은 1885년에 기독교가 한국인들에게 소개된 이래 그 동안에 놀라운 진보를 이룩하였습니다.

우리는 하나님께 감사합니다. 하나님은 우리에게 그들의 민족적인 자만심, 조상 숭배신앙, 이교적인 미신을 포기할 수 있는 위대한 기회를 주셔서 그들의 빈 마음과 겸손한 심령에 예수 그리스도를 위한 자리가 마련되었습니다. 그것이 지금 한국에서 진행되고 있는 것이며, 한국은 실제적으로 그들이 자랑했던 모든 것을 포기하였습니다.

한국은 하늘로 눈을 돌리고 '오 주님, 나의 상처 난 심령을 치료하시고 당신의 팔로 나를 안으소서!'라고 외칩니다. 최근 어려움이 있은 후 놀라운 능력, 무서운 부흥의 영이 그 나라를 사로잡았습니다. 왕실의 일원, 정부의 고관들, 유학의 보수주의 학자들, 불교 사원의 경건한 승려들, 상류층의 여인들, 평민 가정들, 시골의 가난한 농부들, 각계각층의 모든 종류의 사람들이 하나님의 교회로 모여들고 있습니다.

그들은 교회와 예배당을 건축하고 있습니다. 그들은 스스로 교육하고 전도하고 있습니다. 오늘날 10만 명 이상의 한국 교인들이, 그들의 아름다운 작은 나라가 다음 20년 내에 완전한 기독교 국가가 되도록 열심히 그리고 꾸준하게 기도하고 있습니다.

나는 하나님께서 우리의 기도에 응답하실 것이라고 확고하게 믿는 한국인 회심자들 가운데 한 사람입니다. 이와 같은 상황에서 한 국가가 필요로 하는 것이 무엇인가를 숙고하십시오. 한국을 위해 무엇을 해야 하는가를 발견하십시오."

이승만의 피그버그 연설은 한 원형(原形)이 되었다. 나라는 망했고 백성들에겐 기력이 없었다. 독립을 하고 건국을 하고 공산화를 막으려면 다른 나라의 힘을 빌려야 했다. 한국을 도와줄 능력이 있는 유일한 나라가 미국이었다. 실제로 일본의 패망도, 대한민국의 건국도, 전쟁에서 공산주의를 막아낸 것도 모두 미국의 힘으로 가능했다.

미국을 움직이는 힘은 기독교였다. 미국과 한국이 연결될 수 있는 통로도 기독교였다. 미국은 한국에게 복음을 전해주었고, 한국은 대부흥을 일으켰다. 국적을 떠나 한국인과 미국인은 같은 하나님을 섬기는 형제와 자매가 될 수 있었다. 독실한 기독교인이었던 이승만은 그 점을 강조했다. 기독교 신앙에 근거한 호소로 미국의 지원을 받아내고자 했다.

3.1운동 이후에 상해 임시정부가 수립되었다. 이승만은 최고 지도자로 추대되었다. 상해 임시정부 수반으로 1919년 8월에 "미국을 향한 호소문"을 작성했다.

"미국 국민은 자유와 민주주의를 위하여 투쟁하였고 기독교와 인도주의를 받들고 있다. 우리의 주장은 하나님이나 사람의 율법 앞에 떳떳한 것이며, 우리의 목표는 일본의 압박을 면하고 자유를 회복하는 것이며, 우리의 목적은 아시아의 민주화이며, 우리의 소망은 기독교의 전 세계적 보급이다. 그러므로 우리는 우리의 호소가 귀 국민이 숙고할 가치가 있다고 생각한다."[32]

청년 시절부터 이승만의 가슴에 불타던 기독교 입국론이 공식적인 외교 문서에 등장하는 장면이다. 이승만은 대한민국 건국에 대한 세 가지 목표를 분명히 천명했다. 자유의 회복, 아시아의 민주화, 기독교의 전 세계적 보급. 목표를 이루기 위해서 미국의 도움이 필요하다고 호소했다.

이승만의 전략은 곧 예언이 되었다. 예언은 이루어졌다. 한국은 미국의 도움으로 자유를 회복했다. 미국에게 배운 민주주의를 확산시켜 아시아의 민주화를 이끄는 중심국가가 되었다. 그리고 세계 2위의 선교국, 인구 비례로 따지면 1위의 선교대국이 되었다.

1950년 공산주의자들의 침략을 받았을 때도 이승만은 동일한 논리를 사용했다. 그는 전 세계의 기독교인들에게 지원을 호소했다. "남한의 70만 그리스도인, 즉 기독교인 40만 명과 천주교인 30만 명이 북한의 점령으로 절박한 위험에 처해있다."

이승만은 외교의 천재였다. 미국 대사였던 존 무초(John Mucho)가 "세계정세를 가장 고차원적으로 이해한 인물"로 평가할 정도였다. 그가 천재성을 발휘할 수 있었던 바탕에는 대부흥이 있었다. 기독교가 놀랍게 부흥해서 수많은 신자들이 있었기에, 그 사실을 근거로 국제 사회와 세계 교회의 도움을 호소할 수 있었던 것이다.

이승만의 요청에 미국의 복음주의자들이 화답했다. 세계적인 부흥사 빌리 그레이엄(Billy Graham)의 말이다. "세계 곳곳에 공산주의가 침투하고 있으며, 공산주의를 막을 수 있는 마지막 희망은 미국을 중심으로 한 세계 복음주의 운동이다... 우리는 지금 공산당과 싸워야 한다. 한국은 그 면적에 비해 기독교인의 수가 엄청나다. 우리는 그들을 보호해야 한다."

이승만의 논리에 빌리 그레이엄이 그대로 응답하는 장면이다. 국제 구호단체인 〈월드비전(World Vision)〉의 창시자 밥 피어스(Bob Pearce)도 가세했다. 당시에 그리스도인들은 영화관에 가는 것을 경건하지 못한 일로 여겼다. 그러니 기독교 사역에서 영상을 활용한다는 것은 아무도 생각하지 못한 일이었다. 기독교 단체로는 처음으로 영상을 활용한 인물이 밥 피어스였다.

한국에 대한 지원을 호소한 그의 영상이 1950년에

제작한 "38선 : 한국에서 신의 데드라인(God's Deadline in Korea)"이었다.[33] 그는 38선을 종교 분계선이요 영적인 분계선이며 하나님의 데드라인으로 보았다. 하나님을 믿을 수 있느냐 없느냐를 결정하는 분단이었기 때문이다. 피어스는 무신론 공산주의의 침략에 맞서 기독교 한국을 지켜내야 한다고 열렬히 주장했다.

이승만의 호소에 응답한 나라는 미국만이 아니었다. 당시 150여개가 채 안되던 전 세계의 국가들 가운데 절반에 가까운 68개국이 군대와 물자, 사람을 보내왔다. 인류 역사상 한 나라를, 그것도 비참하게 짓밟히는 약소국을 돕기 위해 그렇게 많은 나라들이 참여한 적은, 전에도 없었고 후에도 없었다. 기네스북에 올라있는 세계 신기록이다. 실제로 그 많은 나라들에서 누가 한국을 도왔는가를 확인해보면, 거의 기독교인들이다.

전쟁이 끝난 뒤에도 미국을 비롯한 국제 사회의 지원은 계속되었다. 이승만 정권 내내 한국에 대한 미국의 지원액은 같은 기간 동안 아프리카 대륙 전체의 54개국에 대한 지원을 모두 합친 것보다 많았다. 아프리카 54개국보다 많은 원조를 받았던 한국은 오늘날 아프리카 54개국을 합친 것보다 큰 규모의 경제력을 자랑하고 있다.

순교자 토마스의 피에서 시작된 한국 선교가 대부흥을 꽃피웠다. 대부흥을 기반으로 이승만은 미국과 세계의 도움을 이끌어냈다. 그 결과 한국은 한강의 기적을 이루었다. 원조 받는 나라에서 원조 주는 나라로 유일하게 변신했다. 인구 비례로 계산한 선교사 파송 1위의 선교 대국이 되었다.

우리 역사의 가장 절망적이었던 시대, 기독교만이 나라를 살릴 수 있다고 믿었던 선조들의 신념은 정확했다. 가장 가난한 나라의 백성들이 눈물로 뿌렸던 기독교 한국의 씨앗은 찬란한 꽃으로 피어났다. 기독교가 나라를 살렸고 부흥이 민족을 살렸다.

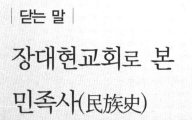

| 닫는 말 |

장대현교회로 본
민족사(民族史)

▲ 평양대부흥이 일어났던 장대현교회

현재는 이 자리에 초대형 김일성 동상이 세워져있다.
부흥의 전당을 헐고 우상의 제단을 쌓은 것에서 북한의
비극이 시작되었다.

▲ 조만식, 소련 메크레르 중좌, 김일성(당시 34세)

김일성은 조만식으로 대표되는 기독교인들을 숙청했다.

장대현교회로 본
민족사(民族史)

장대현교회에는 민족의 곡절이 묻어 있다. 그곳은 본래 최초의 순교자 토마스가 피를 뿌리며 던진 성경으로 도배가 된 집이었다. 집이 바뀌어 교회가 되었고, 그 자리에 성령의 불이 내려서 평양대부흥이 일어났다.

하지만 1930년대에 교회는 이미 위기를 맞이했다. 대부흥을 이끌었던 지도자들이 은퇴하면서 분란이 일어났다. 1931년, 일제는 만보산 사건을 조작했다. 만주에서 조선인들이 중국인들에게 학살당한 것처럼 위장했다. 이 소식에 격분한 평양에서 조선인들이 중국인들을 공격하는 사태가 일어났다. 일부 목회자들도 이에 동조했다.

대부흥의 주역 길선주 목사는 평양을 떠나기로 결심했다. 고별 집회가 서문밖교회에서 열렸다. 부흥이 일어났던 30대에 회개를 외쳤던 그는 60대에 심판을 외쳤다.

"한국 교회에 시련의 때가 왔습니다. 우리가 깨어 기도하지 않으면 장차 다가올 무서운 환란을 극복할 수도 없고, 도탄 가운데 빠져 있는 민족에게 희망이 될 수도 없습니다. 지금은 회개해야 합니다...

중국인 살해 난동은 무엇을 의미합니까? 극악무도한 만행이 벌어지는 이 현실을 놓고 교회의 몇몇 지도자들이 보인 긍정적인 태도는 무엇을 의미합니까? 그리스도의 사랑을 버렸고 믿음을 잃어버린 오늘의 교회는 통회해야 합니다. 현실을 파악하지 못하고 미래를 보지 못하는 오늘의 교회에게 그리스도가 지금 이 자리에 나타나셔서 '사랑의 계명을 받은 너희가 지금 무엇을 하고 있느냐?' 하고 물으면 어떻게 대답할 것입니까?

지금 교회를 에워싸고 조여드는 검은 구름이 보입니까? 악의 칼날이 우리의 생명을 노리고 있는 이때 나의 안일을 위해서 현실에 냉담할 수 있습니까? 우리 민족의 구원을 위해서, 전 인류의 행복을 위해서 십자가의 희생 제물이 되신 예수 그리스도의 구속을 받은 우리가 어찌 반성하고 통회하지 않을 수 있습니까?

만일 회개하지 아니하면 평양 교회는 장차 하나님을 반역하는 큰 죄를 범하게 될 것이요, 그로 인해 한국의 예루살렘인 평양 도시는 마귀의 소굴이 될 것입니다. 유대 나라의 여호야김 왕 시대에 예루살렘이 멸망한 것은 오늘 우리에게 주신 하나님의 경고임을 명심해야 합니다."

기생의 도시 평양을 한국의 예루살렘으로 변모시킨 주역이, 평양을 떠나면서 예루살렘의 멸망을 경고했다. 집회를 마친 뒤, 장대현교회와 신현교회의 유력한 인물들은 평양을 떠나 서울 이남에 있는 연고지로 잇달아 이주했다.[34]

훗날의 역사로 확인해볼 때, 길선주는 평양으로 살고 평양으로 죽었던, 평양의 예언자였다. 그의 입술에서 선포되는 말씀과 더불어 평양이 부흥으로 타올랐다. 동시에 그의 마지막 예언이 이루어져, 평양에는 심판이 임했다. 무신론 공산주의의 수도가 되었고 주체사상이라는 이단이 장악한 혁명의 도시가 되었다. 기생의 도시에서 대부흥의 절정을 거쳐 혁명의 수도까지, 평양은 민족사의 굴곡을 온 몸으로 겪었다.

부흥의 근원지가 되었던 장대현교회는 무너졌다. 그 자리에 김일성은 자신의 거대한 동상을 세우고 "평양 학생소년 궁전"을 지었다. 우리의 선조들이 피눈물을 쏟으며 기도했던 그곳에서 김일성 찬양이 울려 퍼졌다. "세상에 부럼 없어라", "우리의 아버진 김일성 원수님", "우리의 집은 당의 품", 김일성은 스스로 신이 되었다. 길선주의 예언은 가슴 아프도록 정확했다. "무서운 환란"이 닥친 평양은 "마귀의 소굴"이 되었다.

부흥의 제단을 헐고, 우상의 산당을 쌓으면서 우리 조국의 반쪽은 뒤틀렸다. 백 만이 넘는 동포가 강제 수용소에 끌려가 쥐를 잡아먹으며 비참하게 살았다. 4백만에 달하는 동족이 굶어서 죽어갔다. 못 먹고 못 자란 북한의 스무 살 청년의 몸무게는 남한의 열두 살 아이 몸무게와 비슷하다. 남과 북의 청소년을 나란히 세워 놓으면 평균 신장이 15Cm 가까이 차이가 난다. 분명히 같은 DNA를 가진 민족인데, 완전히 다른 종족인 것처럼 체형이 달라져버렸다.

무엇이 수천 년 내려온 동일민족의 체형을 바꾸어놓을 만큼 엄청난 차이를 만들었을까? 탈북동포 주순영의 고백이다. "서울에 들어서자 한 눈에 보기에도 셀 수 없을 만큼 많은 십자가들이 보였다. 이 나라는 십자가의 땅, 십자가로 세워진 나라, 그래서 이 나라가 세계에 자랑할 만한 발전을 이룩한 축복의 나라가 된 것이다.

우상의 동상이 세워져 있는 나라와 십자가가 세워진 나라는 하늘과 땅 차이였다. 남한 땅은 천국이고 북한은 지옥이었음을 순간 깨닫게 되었다.”[35]

주순영의 지적은 핵심을 찌른다. 십자가와 우상, 그것이 남과 북의 거대한 차이를 만들었다. 길선주 목사를 필두로 남으로 내려오기 시작한 그리스도인들의 행렬은 6.25 전쟁으로 절정에 이르렀다. 북한의 그리스도인들이 대거 남하했다.

그들에게 힘입어 남한의 교회는 놀랍게 성장했다. 원산과 평양의 대부흥이 이남에서 재현되었다. 한국은 20세기에 기독교 성장률 1위 국가였다. 하나님을 섬기는 백성에게 내리는 모든 축복이 남한 땅에 내려졌다. 반대로 북한은 20세기에 기독교 박해 1위였다. 하나님을 지우고 김일성의 우상을 세웠다. 그 결과로 우상 숭배자에게 내리는 모든 심판이 북한 땅에 내려졌다.[36]

남과 북의 역사는 기독교가 단지 기독교에만 머무르지 않음을 보여준다. 신앙은 역사의 출발점이요 교회는 세계사의 뱃머리다. 무슨 신을 섬기느냐가, 모든 것을 결정한다.

평양에서 일어난 부흥은 한반도의 전역으로 번져갔다. 마찬가지로 평양에서 시작된 배교(背敎) 역시 남과 북을 휩쓸고 있다. 이미 북한을 파탄 낸 공산주의와 주체사상은 휴전선을 넘어서 남하했다. 서울 한복판에서 "김일성 만세!"를 외치면 "표현의 자유"가 되고, 고통당하는 북한 주민들을 구출하면 "극우(極右)"이자 "수구꼴통"이 되는 세상이 펼쳐졌다. 기독교로 일어섰다가 공산주의로 무너진 평양의 역사가 서울에서도 재현되고 있다.

부흥은 "다시 살아남"이다. 역사상 가장 어둡고 황폐하던 시대에 부흥이 일어났다. 부흥이 없었으면 죽었을 교회가 살아났고 사라졌을 민족이 생존했다. 우리의 생존을 위하여 부흥의 힘이 필요하다. 식민지 시절에 대부흥이 있어서 우리는 민족으로 생존했고 독립국으로 번영했다.

분단과 좌경화의 시대, 부흥이 있어야만 통일이 가능하고 국가 정상화가 실현된다. 종북(從北)이 활개치고 동성애가 번져가며 이슬람이 위협하는 시대, 교회가 약해지고 이단이 판을 치며 청년들이 희망을 잃어버리는 시대, 국가를 수호하고 교회를 일으키며 민족을 보호할 능력은 오직 성령이 주시는 부흥으로만 임할 수 있다. 그러므로 부흥은 사느냐 죽느냐의 문제이다. 부흥에는 우리의 사활(死活)이 걸려있다.

부흥은 때로 아무것도 아닌 사람들을 통해서 일어난다. 숱한 부흥의 역사가 이를 증명한다. 초등교육도 받을 수 없었던 광부의 아들 이반 로버츠, 사람으로 취급받지도 못했던 인도의 천민들, 유교 조선에서 차별당하던 서북민에 도교 차력사였던 길선주가 그들이다.

우리 시대의 부흥은 어디에서 올 것인가. 누구로부터 일어날 것인가. 하나님의 질문이요 대한민국의 생존을 위한 염원이며 시대의 절실한 요청이다. 이 질문에 응답할 하나님의 사람은 누구인가.

| 미주(尾註) |

1) 로이드 존스 저, 강서문 역, 『부흥』 (생명의 말씀사, 1988), 140쪽

2) 존 스토트 저, 정옥배 역, 『사도행전 강해 : 땅 끝까지 이르러』 (IVP, 1992), 64쪽

3) 옥성득, 『한반도 대부흥』 (홍성사, 2006), 12쪽

4) 로이드 존스, 『부흥』, 125쪽

5) 옥성득, 『한반도 대부흥』, 12쪽

6) 유해석, 『토마스 목사전』 (생명의 말씀사, 2006), 259-261쪽

7) 박용규, 『평양대부흥 운동』 (생명의 말씀사, 2007), 46쪽

8) 옥성득, 『한반도 대부흥』, 117쪽

9) Minutes of the Eighth Annual Meeting of the Korea Mission of the Methodist Episcopal Church, South for 1904, p.28

10) 이승만, 『한국교회핍박』 (청미디어, 2008), 122-123쪽

11) 박용규, 『평양대부흥 운동』, 31쪽

12) 조선일보사 편집부, 『뭉치면 살고... 1898-1944 언론인 이 승만의 글 모음』 (조선일보사, 1995), 164-165쪽

13) A. W. Wasson, "The Land of Opportunity," KMF Ⅱ: 4(Feb., 1906), 67

14) J. O. Paine, "Back at Ewa Haktang," 179

15) 김수진, 『조덕삼 장로 이야기』 (진흥, 2008), 106-107쪽

16) 유영기, 『부흥 이야기』 (합신대학원 출판부, 2010), 15쪽

17) 길진경, 『길선주, 부흥의 새벽을 열다』 (두란노, 2007), 17쪽

18) 위의 책, 51쪽

19) 유영기, 『부흥 이야기』, 254-255쪽

20) 박용규, 『평양대부흥 운동』, 233쪽

21) 위의 책, 237쪽

22) Annual Report, PCUSA(1907), 28-29

23) 박용규, 『평양대부흥 운동』, 285쪽

24) Annual Report of the Korea Mission, MEC, South for 1909, p. 26

25) 이재철, 『사도행전 속으로 1』(홍성사, 2010), 173쪽

26) 옥성득, 『한반도대부흥』, 209쪽

27) 기독교학교연구소, 『평양대부흥운동과 기독교학교』(예영커뮤
니케이션, 2007), 127쪽

28) 닥터 셔우드 홀 저, 김동열 역, 『닥터 홀의 조선회상』(좋은
씨앗, 2003), 232쪽

29) 김인수, 『한국 기독교회의 역사(상)』(장로회신학대학교 출판부,
1998), 256쪽

30) 길진경, 『길선주, 부흥의 새벽을 열다』, 182-183쪽

31) 이승만, 『한국교회핍박』, 178쪽

32) 김국현, 『대한민국 건국사』(도서출판 거대넷, 2016), 35쪽

33) 윤정란, 『한국전쟁과 기독교』(한울 엠플러스, 2015), 191쪽

34) 길진경, 『길선주, 부흥의 새벽을 열다』, 233-234쪽

35) 주순영, 『기적의 하나님』(상상나무, 2012), 269쪽

36) 이호, 『북한을 자유케 하라』(도서출판 거대넷, 2015), 253쪽

평양대부흥

발 행 일　2017. 1. 9
재판발행　2019. 10. 1
지 은 이　이 호
발 행 인　이 호
표지꾸밈　강해진
내지꾸밈　김정희
교　　　정　김성훈
펴 낸 곳　자유인의 숲
등록번호　제 2018-05호
주　　　소　서울 중랑구 상봉로 131. B동 1301호
도서문의　010.6801.8933.　viking8933@naver.com
ISBN　979-11-965050-8-0